Come*fare*

John Peter
Sloan

ENGLISH EXPRESS

a cura di Marzia Caramazza

MONDADORI

Graphic design & pictures: Sara Pedroni
The sound guy: Davide Perra

www.librimondadori.it

English Express
di John Peter Sloan
Collezione Come*fare*

ISBN 978-88-04-64624-2

I edizione settembre 2014

ENGLISH *EXPRESS*

Il mio "trucco" è sempre stato quello di entrare nella mente di voi italiani e di capire come trasmettere la mia lingua al vostro cervello nel miglior modo possibile. Per questo fin dall'inizio ho lavorato a fianco di insegnanti italiani, per essere certo di star facendo la cosa giusta. In passato ho collaborato con Sara Pedroni, che mi ha aiutato in maniera significativa a dare forma al mio lavoro. Per questo libro mi sono avvalso dell'aiuto di Marzia Caramazza e penso che il risultato della nostra collaborazione sia splendido.

La dedica, in un libro, è qualcosa che prendo molto seriamente, in quanto ti dà l'opportunità di rendere omaggio e immortalare qualcuno a te caro. Penso che stavolta questo privilegio debba andare a Marzia, che ha lavorato con entusiasmo con me, per voi, per creare quello che ora è diventato *English Express*.

"La sventura apre l'anima a una luce
che la prosperità non vede."

Verso questa luce, com'è stato,
è e sarà per sempre,
camminerai a fianco a me.

Grazie per avermi insegnato a vivere,
lottare e amare. Senza di te, mamma,
non sarei quello che sono.

Marzia

INDICE

INTRODUZIONE

Hai svuotato, scongelato e lasciato socchiuso il frigo? Spento gli interruttori centrali di luce, acqua e gas? Ricaricato il cellulare e staccato le prese di corrente? Molto bene, allora andiamo, ti porto con me verso un'altra avventura! Aspetta un attimo, però. Hai controllato bene il tuo *bagaglio* prima di partire? Mmh... riapriamolo un attimo, voglio essere sicuro che ci sia tutto l'indispensabile per poter affrontare questo nuovo viaggio. Grazie a *English da zero*, attraverso il metodo semplice e logico dei *building blocks*, tu e la scimmia ubriaca siete riusciti ad acquisire le basi della pronuncia, il vocabolario e la grammatica della lingua inglese, creando un bagaglio di conoscenze che ti ha permesso di formulare le tue prime frasi. Adesso, per prima cosa, dobbiamo essere certi che non abbia dimenticato ciò che hai imparato finora, perché ti servirà per salire sul rapidissimo *Express*, l'unico treno al mondo ad avere un *ToDoID*! (Fra un po' ti dico cos'è.) Una volta salito a bordo, preparati, perché si corre!

SIMBOLI

Ti accorgerai, ogni tanto, della presenza di alcuni simboli accanto al testo. Ti dico subito cosa rappresentano.

Aspetta, fammi spiegare... Ti manda alla lista dei *verbi irregolari* alla fine del libro. Non avendo una logica precisa, i verbi irregolari vanno imparati a memoria. So che è difficile, per questo ho deciso di mandarti in un posto dove noi uomini andiamo sempre a leggere o a risolvere i nostri problemi in pace... la nostra caverna, se vuoi... Lì avrai il tempo e la tranquillità necessari per memorizzarli!

Ti manda al "vagone letto", che si trova alla fine del libro. Lì ci sono gli *extra* e le *eccezioni* che potrebbero procurarti sonnolenza durante la lettura. Sono comunque tutte cose utili da sapere, quindi leggile! Se ti si dovessero chiudere gli occhi, avrai un posto comodo dove riposarti un po'.

Comparirà questo simbolo ogni volta che il capotreno fermerà l'*Express* e richiederà la massima attenzione per sfatare un mito o correggere errori comuni o gravi.

Appare quando viene nominato un *false friend* (falso amico), ovvero una parola ingannevole, che non è quello che sembra.

La coda del treno si chiama *ToDoID* (T o D o ID). Lì troverai i verbi regolari, divisi a seconda della pronuncia di "-ed", le due lettere con le quali questi verbi terminano al passato, che possono infatti essere pronunciate "t", "d" o "id".

Lo trovi ogni volta che io, ovvero il macchinista dell'*Express*, apparirò in video sul treno, per darti ulteriori consigli sui temi affrontati. Ricordati che puoi trovare i contenuti video sul sito: WWW.JOHNPETERSLOAN.COM.

Sullo stesso sito puoi trovare anche tutti i **contenuti audio** che ti accompagneranno nella lettura di *English Express*.

CONSIDERATO L'ALTO APPORTO EDUCATIVO
CHE HO DATO AL LIBRO,
LA CASA EDITRICE HA RITENUTO OPPORTUNO
E NECESSARIO ASSEGNARE UN SIMBOLO ANCHE A ME.

SCIMMIA

NOTA EDITORIALE

La Casa Editrice tiene a precisare che ciò non è assolutamente vero. Preghiamo, anzi, di ignorare le interruzioni moleste della scimmia ubriaca. Nel frattempo, stiamo facendo tutto il possibile per far intervenire al più presto i nostri legali.

1

Controllo bagaglio

Durante questo ripasso, non solo ripercorreremo velocemente le regole fondamentali imparate in *English da zero*, ma aggiungeremo nuove regole importanti, così da avere un bagaglio più completo e renderti più facile la salita sull'*Express*! Innanzitutto, se non hai fatto il mio corso *English da zero*, ti invito ad andare online su **WWW.JOHNPETERSLOAN.COM** per ascoltare la pronuncia dei particolari simboli fonetici che avevo creato per il libro. Se l'hai fatto, riascoltarla ti sarà comunque utile. Adesso vediamo se troviamo in valigia tutte le cose essenziali, ovvero i *building blocks* con i quali hai imparato a costruire le tue prime frasi. Ecco, qui in mezzo a mutande e calzini ci sono scatoline con mattoncini di diverso colore...

1.1 ARTICOLI

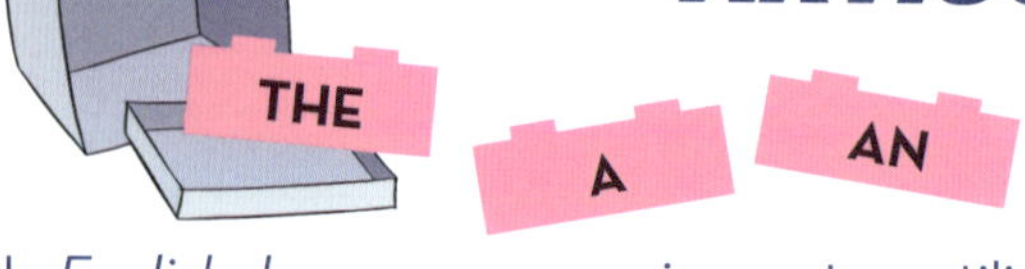

In *English da zero*, avevamo imparato a utilizzare i due articoli:

- il determinativo **THE**, che non si declina mai, traduce: il/lo/la/i/gli/le/l', e si usa per indicare una cosa specifica, proprio quella;
- l'indeterminativo **A/AN**, che traduce: un/uno/una. *A* si usa davanti alle parole che iniziano per consonante e *an* davanti alle parole che iniziano per vocale.

Ma sai che esistono dei casi in cui l'articolo in inglese non va messo? Ecco quali:

• con i sostantivi non numerabili: *water, milk, sugar*; a meno che non ci si riferisca a essi in maniera specifica e non in generale:

> **Milk is white.**
> Il latte (in generale) è bianco.
> **The milk in the fridge has gone bad.**
> Il latte (quello in frigo) è andato a male.

• con i nomi astratti: *love, life, religion*;

• davanti a categorie generiche di persone, cose o animali: *happy people, broccoli, dogs, donkeys*;

• prima dei nomi propri di: *countries* (fatta eccezione per: *the USA, the UK, the Netherlands, the Czech Republic, the Philippines*), *cities, streets, airports, languages, stations, games and sports, meals, lakes*;

• con alcuni luoghi e mezzi di trasporto: *to/at/from home, at/to work, in/to bed, at/to school/university, to/in hospital, to/in church, by car, by train, on foot.*

Proviamo subito a fare il primo esercizio! Ora che siamo ancora all'inizio del libro, per farti ingranare, ho pensato di aiutarti un po' con esercizi davvero semplici. Man mano che andiamo avanti, però, ti farò rimboccare le maniche per bene. Ah, dimenticavo. Il capotreno dell'*Express* (un tipo piuttosto pignolo) ha chiuso tutte le soluzioni nella sua cabina e cercherà di fare in modo che tu non le vada a sbirciare prima di aver completato gli esercizi. Io, che mi fido di te, so già che non lo farai, anche perché sarebbe controproducente. Inoltre, ti consiglio (e non perché dubiti delle tue capacità) di fare sempre gli esercizi a matita, così potrai correggere facilmente eventuali errori.

ESERCIZIO 1

Sei andato nel vagone letto a dare un'occhiata agli extra sugli articoli? Allora adesso prova a completare queste brevi frasi, inserendo negli spazi *THE*, *A/AN*, oppure lasciandoli vuoti dove l'articolo non è necessario.

1. Yesterday I bought .... new shirt. .... one you gave me is terrible. (Dài, quella con le palme...)
2. I have .... beautiful daughter. She is .... most beautiful girl in the world.
3. .... life is wonderful!
4. He loves listening to .... music and surfing .... internet.
5. Her brother is .... taxi driver. Last month he had .... accident and went to .... hospital.

1.2
PRONOMI PERSONALI SOGGETTO

I = io – **YOU** = tu – **HE** = egli/lui – **SHE** = ella/lei – **IT** = esso/a
WE = noi – **YOU** = voi – **THEY** = essi/e

I pronomi personali soggetto sono quelli che si comportano da soggetto della frase. Il pronome *it* è particolarmente importante, perché oltre a indicare oggetti e animali (quando non se ne conosce il sesso), in inglese si trova in moltissimi altri casi. Si usa, ad esempio:

- come soggetto di frasi impersonali (tempo atmosferico, tempo cronologico, prezzo);
- per identificare qualcuno o qualcosa, al telefono o quando non si vede:

  alla porta: **Who is it?** (Chi è?)

  al telefono: **Hi dear, it's me.** (Ciao cara, sono io.)

ESERCIZIO 2

Prova anche qui a completare le frasi, mettendo il pronome personale soggetto corretto.

1 My parents are abroad, ... are coming back on Monday. .... can invite all my friends to the house for a party!
2 Can Dave ride camels ? – Yes, ... can, but why are .... asking this question?
3 .... is so hot today! My sister and .... want to go to the swimming pool and .... want to go now!
4 .... is my girlfriend. .... is her husband. .... am in trouble.
5 .... is very late!

Ti ricordi come hai cominciato a costruire le prime frasi? Hai avuto bisogno dell'*ausilio* di qualcuno... Passami lo zaino e ti rinfresco la memoria.

Ecco qua: gli ausiliari **TO BE** (essere) e **TO HAVE** (avere).

1.3 TO BE (BE/WAS/BEEN)

Ti ricordo, molto brevemente, come si costruisce il verbo *to be*: è importante da tenere a mente perché ti servirà anche per i tempi composti.

FORMA AFFERMATIVA

SOGG. + AM / IS / ARE + COMPLEMENTO

Ketchup on pasta is delicious.
Il ketchup sulla pasta è squisito. *(True)*

FORMA INTERROGATIVA

Si inverte la posizione del soggetto e del verbo:

AM / IS / ARE + SOGG. + COMPLEMENTO + ?

Is ketchup on pasta delicious?
Il ketchup sulla pasta è delizioso? *(Yes)*

FORMA NEGATIVA

Si aggiunge la parolina **NOT**, che si posiziona subito dopo il verbo:

SOGG. + AM / IS / ARE + NOT + COMPLEMENTO

Ketchup on pasta is not delicious.
Il ketchup sulla pasta non è delizioso. *(False)*

INTERROGATIVA NEGATIVA

Serve per chiedere conferma riguardo a qualcosa di cui si ha già una certa idea:

AM / IS / ARE + NOT + SOGG. + COMPLEMENTO + ?

Isn't ketchup on pasta delicious?
Il ketchup sulla pasta non è delizioso? *(I said yes)*

SENTI, JOHN, ABBIAMO CAPITO
CHE SEI INGLESE, TI PIACE IL KETCHUP
E LO METTI ANCHE SUL COCOMERO,
MA NE ABBIAMO PIENE LE BANANE
DEI TUOI ESEMPI CON IL KETCHUP!

1.4
QUESTION TAGS

Questa è un'altra novità! Quando parli con qualcuno, usi le domande per chiedere informazioni, per mantenere il contatto con il tuo interlocutore e per accertarti che sia ancora sveglio mentre lo aggiorni dettagliatamente sulla vita sentimentale del tuo calzolaio. Magari vuoi sapere se è d'accordo con te su quello che dici... È chiaro, vero?

Sto parlando di quel "vero?" che ho appena usato. In inglese si chiama **QUESTION TAG** ed è una domanda molto breve, formata da un ausiliare e da un pronome, che si pone al termine di una frase affermativa o negativa, con la funzione di rafforzare ciò che si è detto. Se la frase è affermativa, la *question tag* sarà negativa, mentre se la frase è negativa la *question tag* sarà positiva. Adesso è più chiaro, non è vero? Guarda quanto è semplice usarle:

> **Those shoes are really beautiful, aren't they?**
> Quelle scarpe sono bellissime, non è vero/non trovi? (Letteralmente: non lo sono?)
> **You are not listening to me, are you?!**
> Non mi stai ascoltando, vero?!

Come vedi, mentre in inglese devi ripetere l'ausiliare usato nella frase, in italiano puoi utilizzare una traduzione più libera.
Attenzione! Se il pronome è alla prima persona singolare, nella *question tag* non si userà *am not* (sarebbe impossibile da pronunciare) ma **AREN'T**:

> **I'm too shy, aren't I?**
> Sono troppo timido, non è vero? (Letteralmente: non lo sono?)

Ricorda, infine, che per formare una *question tag* puoi usare tutti i verbi ausiliari (*to be*, *to have*, *to do* e i verbi modali), a seconda di quello che utilizzi nella frase che la precede.

1.5
SHORT ANSWERS

Se la persona con la quale stai parlando è rimasta sveglia e ha intenzione di dare anche delle risposte alle tue domande, ricordale che esistono le **SHORT ANSWERS**! Generalmente, in inglese non si risponde con un secco *yes* o *no*, né si ripete l'intera domanda. Se lei ad esempio viene da te e ti chiede: *Am I fat?*, tu rispondi con la *short answer*: *Yes, you are*... No, aspetta, ho sbagliato! La risposta perfetta, in questi casi, è: *No, you're not, sweetheart* (sorridi) *and never will be!*

Ricorda che nelle *short answers* affermative devi usare sempre la forma estesa del verbo essere. Pensa a come suonerebbe male la forma contratta: *Am I pretty, dear? – Yes, you're!*... Mamma mia!

ESERCIZIO 3

Direi che è giunta l'ora di farti tradurre un po'. Ricordati che in inglese il soggetto va ripetuto ogni volta che c'è un verbo. Usa le *question tags* e le *short answers* dove è necessario. Fra parentesi, ti ho scritto la traduzione letterale.

1 Io sono brutto e grasso, ma sono felice.

....

2 Lei è bella e magra ed è felice.

....

3 Lui è brutto e triste perché noi siamo felici.

....

4 Io sono magro?

....

5 Lei è bella e felice, non è vero (lett: non lo è)?

....

6 Lui non è felice, vero (lett: lo è)?

....

7 No, (io) non lo sono.

....

8 Sì, (lei) lo è.

....

9 No, (lui) non lo è.

....

10 Noi siamo matti, non è vero (lett: non lo siamo)?

....

1.6
TO HAVE
(HAVE/HAD/HAD)

Il secondo ausiliare più importante è **TO HAVE**, che in italiano si può tradurre in diversi modi, perché ha molti utilizzi. Rivediamo brevemente i quattro più importanti.

1 HAVE (GOT) = AVERE

Significa "avere", nel vero senso della parola. Come abbiamo fatto con il verbo *to be*, anche di *to have* è importante ripassare la costruzione delle varie forme.

FORMA AFFERMATIVA

SOGG. + HAVE / HAS / (GOT) + COMPLEMENTO

You have (got) a bidet.
Voi avete un... lavandino basso inutile.

Ricorda che la parola **GOT**, che ho messo fra parentesi, serve quando vuoi enfatizzare il concetto di possesso.

FORMA INTERROGATIVA

Se vuoi fare una domanda con il verbo *to have*, hai due opzioni.

- Con *got*, inverti la posizione del soggetto e del verbo:

HAVE / HAS + SOGG. + GOT + COMPLEMENTO + ?

Have you got a bidet?
Avete un bidet?

• Con l'ausiliare **DO/DOES**, la costruzione delle interrogative diventa la seguente:

DO / DOES + SOGG. + HAVE + COMPLEMENTO + ?

Do you have a bidet?
Avete un bidet?

FORMA NEGATIVA

Anche nella forma negativa, puoi scegliere di utilizzare *got* oppure *do/does*.

• Con *got* la costruzione è questa:

SOGG. + HAVE / HAS + NOT + GOT + COMPLEMENTO

We haven't got a bidet.
Non abbiamo un bidet.

• Con *do/does* la struttura è questa:

SOGG. + DO / DOES + NOT + HAVE + COMPLEMENTO

We don't have a bidet.
Non abbiamo un bidet.

Attenzione! Tieni sempre presente che nelle interrogative e nelle negative è l'ausiliare *do* che viene coniugato (infatti alla terza persona singolare abbiamo *does*), mentre la forma base del verbo rimane invariata. Cerca di tenere bene a mente questa parolina, *do*, perché in inglese è davvero fondamentale; infatti l'avevamo trovata fra le *gold words*... Ti ricordi cosa sono? Fra un po' le rivediamo insieme!

QUESTION TAGS & SHORT ANSWERS

Se ricordi, avevamo detto che anche per il verbo *to have* si possono usare le *question tags*, con le stesse regole che ti ho detto prima.

You haven't got a hen, have you?
Non hai una gallina, vero?

Inoltre, come il verbo *to be*, anche *to have* ha le sue *short answers*. Per usarle bene, devi fare attenzione a come è stata fatta la domanda, ovvero se è stato utilizzato *got* o *do/does*.

• Se nella domanda c'è *got*, non serve ripeterlo nella *short answer* e ti comporti così:

Have we got time for another beer?
Abbiamo tempo per un'altra birra?
Yes, always! ... No, scusate, era la scimmia.
Yes, we have.
Sì (ce l'abbiamo).

• Se nella domanda c'è *do/does*, devi rispondere così:

Do we have time for another glass of wine?
Abbiamo tempo per un altro bicchiere di vino?
No, we don't!
No (non ce l'abbiamo)!

2 HAVE = FARE

To have può tradurre anche il verbo italiano "fare", in moltissime espressioni quotidiane come queste:

to have breakfast = fare colazione
to have a shower = fare una doccia
to have a walk = fare una passeggiata
to have a party = fare una festa

3 HAVE = INVITO A FARE QUALCOSA

Il verbo *to have* si usa anche per invitare qualcuno a fare o a prendere qualcosa. Solitamente si tratta di qualcosa da fare al volo, un'occhiata rapida, un ascolto veloce e così via.

• Invitare a fare:

Have a look at this article.
Dai un'occhiata a questo articolo.
Have a listen to this song.
Ascolta questa canzone.

• Invitare a prendere (nel senso di offrire):

Have a drink!
Prendi qualcosa da bere!
Have some biscuits!
Prendi dei biscotti!

4 HAVE = AUGURIO

Infine, possiamo utilizzare *to have* per augurare qualcosa di buono:

Have a nice journey.
Buon viaggio.
Have a nice day!
Buona giornata!

ESERCIZIO 4

Adesso traduci queste frasi, facendo attenzione ai vari usi di *to have*. Nelle interrogative e negative, puoi scegliere tu se usare *got* o *do*, ma ricordati che dove c'è uno, non può esserci l'altro!

1 Loro hanno una fattoria *(farm)*.

....

2 Lui ha una mucca e due cavalli, ma non ha maiali.

....

3 Lei ha due capre, cinque maiali e un fratello.

....

4 Lui non ha maiali, vero (lett: li ha)?

....

5 No, non li ha.

....

6 Lei ha due capre?

....

7 Sì, le ha.

....

8 Tu hai una gallina, non è vero (lett: non ce l'hai)?

....

9 No, non ce l'ho, ma ho un coniglio.

....

10 Noi abbiamo tanti animali.

....

11 La mattina faccio colazione.

12 Lei fa una passeggiata la sera.

13 Loro fanno una festa ogni *(every)* settimana.

14 Dai un'occhiata a questa vecchia foto!

15 Ascolta questa bellissima musica!

16 Prendi qualcosa da bere con noi!

17 Prendi un pezzo di torta!

18 Buone vacanze!

Fin qui, dovrebbe essere andato tutto liscio! Adesso mettiamo un attimo da parte lo zaino verde e torniamo a controllare il resto del bagaglio. Riprenderemo il *green block* all'ultimo, con tutti i tempi verbali che avevamo incontrato in *English da zero*, così li avrai più freschi in testa prima di andare in stazione a fare il **ticket test**, ovvero il test che ti consente di ottenere il biglietto per salire a bordo dell'*Express*! Come dici, scimmia ubriaca, non vi avevo detto che c'era un test a fine ripasso? Ve lo sto dicendo adesso, no? A proposito, mi sono ricordato anche un'altra cosa importante! D'ora in poi, in aggiunta agli esercizi, ogni tanto ti racconterò delle brevi storie o conversazioni, che tu dovrai cercare di tradurre. Non temere, partirò da storie molto semplici e sono sicuro che sarai perfettamente in grado di farcela. Quindi: *let's get started!*

STORY 1

Io amo la mia Concy, anche se a volte può sembrare che non la ascolti quando mi racconta le sue noiosiss... interessantissime cose. Traduci questa esilarante conversazione; io ti regalo qualche parola che potresti non conoscere. Ricorda: mentre in italiano le *question tags* e le *short answers* puoi tradurle liberamente, in inglese devi seguire le regole che ti ho spiegato. Per aiutarti, guarda nel testo cosa c'è scritto fra parentesi.

lucky (fortunato); **classy** (raffinata); **caring** (premuroso); **amazing** (fantastico); **wrinkled** (rugoso); **to be attracted to someone** (essere attratto da qualcuno); **who the hell...** (chi diavolo...)

CONCY: Carol è molto fortunata. È molto carina, intelligente e raffinata, non trovi (non lo è)?

JOHN: Sì, cara (lo è).

CONCY: È ricca e ha un fidanzato molto premuroso. Lui è anche molto simpatico, non è vero (non lo è)?

JOHN: Sì, cara (lo è).

CONCY: Lei ha i capelli lunghi, le labbra rosse e grandi occhi verdi. Sono molto belli, non trovi (non lo sono)?

JOHN: Sì, cara (lo sono).

CONCY: E le sue gambe... ha delle gambe fantastiche, non è vero (non le ha)?

JOHN: Sì, cara (le ha).

CONCY: Oh, e il suo collo... non è rugoso, vero (lo è)?

JOHN: No (non lo è). Il suo collo è fantastico.

CONCY: Sì, è vero (lo è)... John, sei attratto da lei, non è vero (non lo sei)?

JOHN: Concy, chi diavolo è Carol?!

....

....

....

CONTINUA...

Prima di parlare degli ausiliari, avevamo aperto la scatolina con i mattoncini blu: i pronomi personali soggetto. Vediamo adesso altri tipi di pronomi altrettanto importanti.

1.7
PRONOMI PERSONALI COMPLEMENTO

ME = me – **YOU** = te – **HIM** = lui – **HER** = lei – **IT** = esso/a
US = noi – **YOU** = voi – **THEM** = loro

È importante, a questo punto, ricordare la regola del **DOUBLE OBJECT**. Abbiamo il "doppio oggetto" quando un verbo è seguito da due complementi, che rispondono alle domande: "a chi?" e "che cosa?". Il primo è il complemento indiretto, che dice a chi viene fatto o detto qualcosa; il secondo è il complemento diretto, cioè quel qualcosa oggetto del verbo.
Ci sono alcuni importanti verbi irregolari che utilizzano sempre questa regola. Eccone qualcuno:
to give (dare); **to send** (mandare); **to show** (mostrare); **to tell** (dire/raccontare); **to write** (scrivere); **to read** (leggere).

Give me a kiss!
Dammi un bacio!
I gave her my heart.
Le ho dato il mio cuore.

Se invece usi il pronome sia per il complemento diretto sia per quello indiretto, devi fare il contrario:

Send it to me. Show it to them.
Mandamelo. Mostralo a loro.

Proseguiamo ora velocemente con altri due tipi di pronomi:

1.8
PRONOMI DIMOSTRATIVI

THIS = questo/a – **THAT** = quello/a
THESE = questi/e – **THOSE** = quelli/e

I pronomi dimostrativi sono quelli che prendono il posto del soggetto.

This is my old toothbrush.
Questo è il mio vecchio spazzolino da denti
Those are very old slippers.
Quelle sono pantofole molto vecchie.

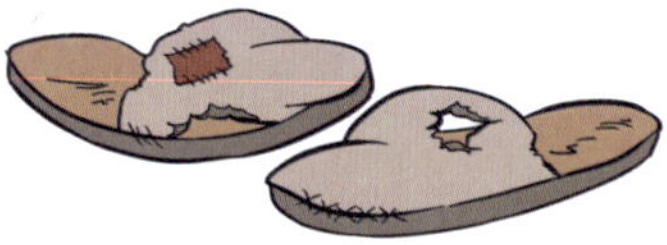

1.9
PRONOMI POSSESSIVI

MINE = il mio – **YOURS** = il tuo – **HIS** = il suo (di lui) – **HERS** = il suo (di lei)
ITS = il suo (di esso/a) – **OURS** = il nostro – **YOURS** = il vostro – **THEIRS** = il loro

Davanti ai pronomi possessivi **non** si mette mai l'articolo. I pronomi possessivi **non** sono mai seguiti da un sostantivo, perché lo sottintendono.

That child is cheeky, while mine is very well-behaved.
Quel bambino è impertinente, mentre il mio è molto educato.

1.10 AGGETTIVI DIMOSTRATIVI

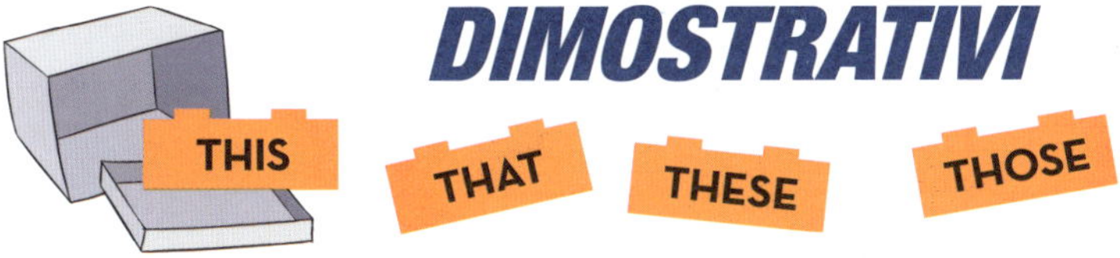

THIS = questo/a – **THAT** = quello/a
THESE = questi/e – **THOSE** = quelli/e

Come vedi, sono uguali ai pronomi dimostrativi! Mentre però quando svolgono la funzione di pronomi sono il soggetto della frase, quando hanno funzione di aggettivi affiancano il sostantivo.

This toothbrush is old.
Questo spazzolino è vecchio.
Those slippers are very old.
Quelle pantofole sono molto vecchie.

1.11 AGGETTIVI POSSESSIVI

MY = mio – **YOUR** = tuo – **HIS** =suo (di lui) – **HER** = suo (di lei)
ITS = suo (di esso/a) – **OUR** = nostro – **YOURS** = vostro – **THEIR** = loro

Con gli aggettivi possessivi puoi dire a chi appartiene qualcosa. Ti ricordo che in inglese **non** si mette mai l'articolo davanti agli aggettivi possessivi!

Your monkey is on your bed with my sunglasses.
La tua scimmia è sul tuo letto con i miei occhiali da sole (dille di restituirmeli immediatamente!).

ESERCIZIO 5

Traduci queste frasi, usando la regola del *double object* e i pronomi e gli aggettivi che abbiamo appena ripassato.

1 Raccontami una storia.

2 Lei mi mostra tante foto.

3 Mandami un messaggio, per favore.

4 Scrivile una lettera.

5 Dammi i miei soldi!

6 Mi piacciono le tue nuove scarpe.

7 Queste sono le vostre chiavi.

8 Queste chiavi sono tue, quelle sono mie.

9 Il mio cane è buono, il vostro è cattivo.

10 Questo libro vecchio è suo (di lui).

....

11 Nostra madre ha quella macchina rossa.

....

12 Suo (di lei) padre è quell'uomo alto e quelle sono le sue (di lui) chiavi.

....

13 Questi esempi sono stupidi ma utili.

....

1.12 SOSTANTIVI

COUNTABLES

Sono quelli che si possono contare e davanti ai quali può esserci l'articolo indeterminativo *a/an* o un numero *(a table; two chairs; three candles)*.

UNCOUNTABLES

Sono i sostantivi che non si possono contare e davanti ai quali non si può mettere l'articolo indeterminativo *a/an* o un numero. Di essi si può solo dire: "tanto, un po', qualche, poco" e così via. Sono generalmente sostanze solide o liquide *(wood; sugar; butter; bread)*, che possono essere numerate solo con un'unità di misura *(a cup; a spoon; a glass)*. Ricordati, infine, che gli *uncountables* vogliono sempre il verbo alla terza persona singolare.

Attenzione! Può darsi che un sostantivo sia *countable* in italiano ma *uncountable* in inglese, come ad esempio: *news, information, hair*.

1.13
C'È/CI SONO

Per dire "c'è" o "ci sono", dobbiamo usare rispettivamente **THERE IS** e **THERE ARE**. Per la forma negativa basta aggiungere *not* dopo il verbo essere, mentre per la forma interrogativa inverti *THERE* con *IS* o *ARE*:

Is there a sheep in the wardrobe? – No, there isn't, but there is a nice, woolly jumper in the drawer.

C'è una pecora nell'armadio? – No, non c'è, ma c'è un bel maglione di lana nel cassetto.

1.14
TANTO/TANTI

Le parole **MUCH**, **MANY** e **A LOT OF** traducono "tanto" e "tanti".

- **MUCH** significa "molto" e si usa nelle frasi interrogative e negative con i sostantivi *uncountables*;
- **MANY** significa "molti" e si usa nelle frasi interrogative e negative con i sostantivi *countables*.

Se vuoi chiedere "quanto?" oppure "quanti?" è molto semplice, basta dire *how much?* o *how many?*

- **A LOT OF** (oppure *lots of*, un po' più formale e meno usato) significa "tanto" e si usa nelle frasi affermative, sia con i sostantivi *countables*, sia con gli *uncountables*.

There's a lot of food on the table and many drinks in the fridge.
C'è molto cibo sul tavolo e molte bibite in frigo.

Se prendiamo la parola **TOO** (che ha sempre un'accezione negativa) e la mettiamo prima delle parole che abbiamo appena visto otteniamo: *too much*, che significa "troppo" e *too many*, che significa "troppi".

- **ENOUGH**, invece, significa "abbastanza" e *not enough* sarà "non abbastanza".

There's too much healthy food and not enough junk food in this house.
C'è **troppo** cibo sano e poche porcherie in questa casa

1.15 POCO/POCHI

Per dire che c'è poco di qualcosa, in inglese funziona così:
- con i sostantivi singolari, di solito *uncountables*, si usa **A LITTLE** (un po');
- con i sostantivi plurali si usa **A FEW** (qualche, alcuni).

In entrambi i casi, qui la quantità di cui si parla sarà sufficiente per qualcosa, quindi *a little* e *a few* hanno un significato positivo.

I have a few good ideas.
Ho qualche buona idea.

Se invece la quantità in questione è insufficiente, togli l'articolo a e dici: *little* (poco) o *few* (pochi), che hanno un significato negativo.

I have few good ideas.
Ho poche buone idee.

ESERCIZIO 6

A questo punto, puoi riprendere la matita e allenarti un po' con i *countables* e gli *uncountables* (quello che è scritto fra parentesi non devi tradurlo).

1 Ci sono molte banane in questa valigia.

....

2 Non c'è abbastanza zucchero nel mio caffè.

....

3 Ho notizie per te... e non sono belle notizie.

....

4 Ci sono un po' di biscotti e un po' di succo d'arancia (bastano per tutti).

....

5 Non hai troppe scarpe?

....

6 Hai abbastanza soldi per il biglietto?

....

7 No, ho solo un euro, non basta.

....

8 C'è poco tempo e troppo traffico.

....

9 Ho pochi capelli.

....

10 Non ci sono troppe banane in questa valigia?!

....

1.16
SOME/ANY/NO/NONE

SOME e **ANY** traducono "alcuni", "dei", "qualche", "un po'" e si usano con i sostantivi *uncountables* e con i plurali.

• **SOME** si usa nelle frasi affermative o nelle interrogative dove sai già, o immagini, che la risposta sia affermativa. Inoltre, si usa sempre quando si offre qualcosa a qualcuno:

Would you like some tea?
Vuoi un po' di tè?

• **ANY** si usa nelle frasi negative e nelle interrogative di cui non si conosce la risposta.

I haven't got any friends.
Non ho amici.

In alternativa, nell'ultimo caso, potremmo anche dire:

I have no friends.
Non ho nessun amico (il che, mi dispiace per te, ti lascia comunque solo come un cane)

• **NO**, infatti, traduce "niente", "nessuno" e si usa sia con i sostantivi singolari sia con quelli plurali, sia *countables*, sia *uncountables*.
Quando la cosa che manca è sottintesa, puoi usare **NONE**:

Do you have any friends? – No, I have none.
Hai amici? – No, non ne ho nessuno (di amici).

Abbiamo capito, direi che per non deprimerci troppo è meglio passare all'esercizio... che voglio tu faccia da solo, senza amici, in solitudine...

ESERCIZIO 7

Completa il dialogo usando *some/any/no*.

1 We have .... crisps and .... carrots, but we don't have .... water.
2 Do you have .... beer?
3 Yes, we do, would you like ....?
4 Yes, please. Can I have .... crisps?
5 Yes, you can. Would you like .... carrots, too?
6 No, I don't want .... carrots, thank you. Can I have .... more crisps?
7 Don't you have .... food?
8 Yes, I have .... apples, but I have .... crisps and .... beer.

1.17
DERIVATI DI SOME/ANY/NO

Rivediamo adesso in maniera più approfondita anche i derivati di *some/any/no*, per i quali valgono le stesse regole che ti ho appena spiegato.

• I derivati di **SOME** si usano nelle frasi affermative o nelle interrogative quando sai già, o immagini, che la risposta sia affermativa e quando si offre qualcosa:

something = qualcosa
somebody/someone = qualcuno
somewhere = da qualche parte

• I derivati di **ANY** si usano nelle frasi interrogative e negative. Attenzione però! Possono anche trovarsi nelle frasi affermative, col significato di "qualsiasi" (cosa, persona o posto):

anything = qualcosa/qualunque cosa
anybody/anyone = qualcuno/chiunque
anywhere = da qualche parte/ovunque

• I derivati di **NO** si usano nelle frasi negative, ma devi ricordarti (dato che in inglese non c'è la doppia negazione) di mettere sempre il verbo nella forma affermativa:

nothing = niente
nobody/no one = nessuno
nowhere = da nessuna parte

Ricorda che in inglese tutti questi derivati si costruiscono con il verbo alla terza persona singolare!

ESERCIZIO 8

L'altro giorno sono uscito di casa e in giro non c'era anima viva. A un certo punto ho incontrato un tizio strano... vuoi sapere cosa mi ha detto? Completa il breve dialogo qui sotto con i derivati di *some/any/no*!

TIZIO: Hey, can I ask you ______________ ? Wait a minute, you look familiar, I think I've already seen you ______________ ... Anyway, listen: I need ______________ to help me, but there is ______________ around. I can't find ______________ ______________ , we really are in the middle of ______________ here! I'll do ______________ for you if you help me!

JOHN: Sure! What can I do for you?

TIZIO: Oh, ______________ , I just wanted to practise my English.

1.18 AGGETTIVI

In inglese gli aggettivi vengono sempre **prima** del sostantivo a cui si riferiscono e, a differenza dell'italiano, **non** vanno concordati col vocabolo a cui fanno riferimento, ma restano invariati. L'aggettivo *fat* (grasso), per esempio, rimarrà così com'è, sia che si riferisca a un nome maschile sia femminile, sia singolare che plurale, sia che si faccia la dieta oppure no.
In inglese, inoltre, gli aggettivi hanno un ordine ben preciso e la lista è davvero lunga...

NUMERO – **two**
OPINIONE – **beautiful**
MISURA – **big**
ETÀ – **old**
FORMA – **round**
COLORE – **brown**
ORIGINE – **Italian**
MATERIALE – **wooden**
USO – **dinner**
COSA – **tables**

...ma non preoccuparti, non capita quasi mai di dover descrivere qualcosa in maniera così dettagliata! Solitamente si usano due o al massimo tre aggettivi alla volta, ma anche quei pochi devi sapere in che ordine metterli.

Se aggiungo **UN-** prima di alcuni aggettivi, ottengo parole che hanno il significato opposto delle parole di partenza:

un + **happy** (felice) = **unhappy** (infelice)

One happy **big brown wolf.**

Un grande lupo marrone felice.

Three unhappy **little fat pigs.**

Tre piccoli porcellini grassi tristi... no... Tre grassi piccoli... no... Boh.

Se invece aggiungo **-LESS** alla fine di una parola, ne ottengo una nuova che significa "senza + quella parola":

end (fine) + **less** = **endless** (senza fine)

My love for you is endless.

Il mio amore per te è infinito.

1.19 COMPARATIVI

I comparativi sono aggettivi che mettono a confronto una o più qualità di due cose o persone.

Hanno tre forme: maggioranza, minoranza e uguaglianza.

COMPARATIVO DI MAGGIORANZA

(più)

Il comparativo di maggioranza si forma:

- aggiungendo il suffisso **-ER** all'aggettivo, se l'aggettivo è corto;
- mettendo **MORE** prima dell'aggettivo, se l'aggettivo è lungo.

In entrambi i casi, il secondo termine di paragone è sempre introdotto da **THAN**!

Elephants are bigger than rats.
Gli elefanti sono più grandi dei topi.
Chimpanzees are more intelligent than rats.
Gli scimpanzé sono più intelligenti dei topi.

Se vuoi essere più preciso e modulare l'intensità del comparativo di maggioranza, lo fai precedere da questi avverbi:

- **MUCH/A LOT/FAR**, che accompagnati dal comparativo significano "molto più";
- **A LITTLE/A BIT**, che accompagnati dal comparativo significano "poco più".

Un'altra parola importante quando si tratta di comparativi è **EVEN**, che significa "ancora più".

She is even more beautiful than you!
Lei è ancora più bella di te!

Adesso guarda altri usi molto utili di cui ancora non ti avevo parlato.

- Nei comparativi di maggioranza con suffisso **-ER**:

comparativo + ***and*** + **comparativo** = "sempre più"
She is getting prettier and prettier.
Sta diventando sempre più carina.

- Nei comparativi di maggioranza con **MORE**:

more + ***and*** + ***more*** + **aggettivo** = "sempre più"
She is getting more and more interesting.
Sta diventando sempre più interessante.

- Nei comparativi di minoranza:

  less + ***and*** + ***less*** = "sempre meno"

  She is getting less and less shy.

  Sta diventando sempre meno timida.

- Se invece abbiamo: ***the* + comparativo/*the* + comparativo** significa "quanto più/tanto più".

  The sooner I finish this book, the sooner I will go on holiday.

  Quanto prima finisco questo libro, tanto prima andrò in vacanza.

Quindi:

The sooner, the better!

Prima è, meglio è!

COMPARATIVO DI MINORANZA

(meno)

Per il comparativo di minoranza non ci interessano le caratteristiche dell'aggettivo che utilizziamo, in quanto si forma semplicemente così: **LESS** + aggettivo Ricordati che anche qui il secondo termine di paragone è preceduto da *than*.

This exercise is less difficult than the other one.

Questo esercizio è meno difficile dell'altro.

Anche questo comparativo può essere preceduto da *much/a lot/far* e *a little/a bit*. Considera, comunque, che il comparativo di minoranza è poco utilizzato e che al suo posto si preferisce usare quello di maggioranza oppure, nelle frasi negative, quello di uguaglianza.

COMPARATIVO DI UGUAGLIANZA

(tanto quanto)

Per il comparativo di uguaglianza si usa questa costruzione: **AS** + aggettivo + **AS** Qui, come vedi, non abbiamo più *than*, perché il secondo termine di paragone è introdotto da *as*.

You are not as talkative as her.

Non sei loquace quanto lei (nessuno lo è).

Aspetta! E se nei comparativi il secondo termine di paragone è un pronome personale? In questi casi, si usa comunemente il pronome personale complemento:

She is taller than him.
Lei è più alta di lui.

Può capitarti però di trovare anche il pronome personale soggetto, più formale:

She is taller than he (is). Ma lei rimane comunque più alta.

1.20 SUPERLATIVI

Esistono due tipi di superlativi.

1 SUPERLATIVO ASSOLUTO

Esprime al massimo grado una o più qualità di qualcuno o qualcosa, senza fare confronti. Si forma con avverbi come **VERY**, **REALLY**, **EXTREMELY**, **AMAZINGLY**, **INCREDIBLY** + aggettivo.

Mosquitoes are really annoying.
Le zanzare sono davvero fastidiose/fastidiosissime.
Your eyes are amazingly beautiful!
I tuoi occhi sono incredibilmente belli!

ANNOYING in inglese vuol dire "irritante", come chi cont
fondere la Scozia con l'Inghilterra. "Noioso", invece, si dice

Ci sono poi aggettivi che hanno già di per sé un significato superlativo. Te ne dico qualcuno: **perfect** (devo tradurre?); **tiny** (minuscolo); **massive** (enorme); **brilliant** (fantastico); **awful** (orribile).
Davanti a questi aggettivi usiamo avverbi come **REALLY**, **ABSOLUTELY**, **TOTALLY** o **UTTERLY**.

> **Stephen King's latest book is absolutely brilliant!**
> L'ultimo libro di Stephen King è assolutamente fantastico!

2 SUPERLATIVO RELATIVO

Anche qui la caratteristica di qualcuno o qualcosa viene espressa al suo massimo grado, ma viene messa a confronto con altri termini di paragone. Il superlativo relativo può essere di maggioranza o di minoranza.

Il superlativo di **MAGGIORANZA** si forma:

- aggiungendo il suffisso **-EST** all'aggettivo, se l'aggettivo è corto;
- mettendo **THE MOST** prima dell'aggettivo, se l'aggettivo è lungo.

> **She's the kindest person I know.**
> È la persona più gentile che io conosca.
> **He's the most annoying man I know.**
> È l'uomo più irritante che io conosca.

Il superlativo di **MINORANZA** si forma con **THE LEAST** + aggettivo.

> **I'm watching the least interesting film ever!**
> Sto guardando il film meno interessante che sia mai stato fatto!
> (*Braveheart*!)

ESERCIZIO 9

Tutto chiaro? Perfetto, allora riprendi la matita in mano e vediamo come te la cavi con l'esercizio sui comparativi e i superlativi. Traduci queste frasi usando il corretto comparativo o superlativo. Ce la puoi fare: *you're the best!*

1 Mia nonna è più veloce di mia sorella.

....

2 Mia zia non è veloce quanto mia nonna.

....

3 Tua sorella è un po' meglio di tua zia?

....

4 Il mio cane è molto più lento della tua tartaruga.

....

5 Le sue (di lui... è maschio) zampe sono cortissime e la sua pancia è enorme.

....

6 Mio fratello maggiore è il peggior calciatore di sempre *(ever)*!

....

7 I loro pesci rossi sono molto più intelligenti dei vostri figli.

....

8 I vostri figli sono meno intelligenti di una gallina.

....

9 ... E tu sei la persona più maleducata *(rude)* che io conosca!

....

Prima di proseguire, vorrei raccontarti un'altra storia.

STORY 2

L'altra sera ero in camera a scrivere una poesia. A un certo punto, Concy viene a chiamarmi per la cena. Attenzione: la terza persona singolare al *Simple Present* vuole la *-S*!

it's called (si chiama); **beauty salon** (salone di bellezza); **to look for** (cercare); **quiet** (tranquillo); **library** (biblioteca); **to reflect on something** (meditare su qualcosa); **to go shopping** (fare shopping); **finished** (finito); **refuge** (rifugio); **on the phone** (al telefono)

CONCY: Ciao, cosa stai facendo?
JOHN: Sto scrivendo una poesia. Si chiama: *Ode alla felicità*.
CONCY: Wow... leggimela!
JOHN: Ok... *Quando una donna vuole rilassarsi, va al salone di bellezza. Quando cerca un posto tranquillo per leggere, va in biblioteca. Quando ha bisogno di meditare su qualcosa, va al parco. Quando non sa cosa fare, va a fare shopping... Ma il posto più bello del mondo, per una donna, è fra le braccia del suo uomo...*
CONCY: Oh, caro, sei molto romantico!
JOHN: Aspetta, non è finita: *Quando un uomo vuole rilassarsi, va al pub. Quando cerca un posto tranquillo per leggere, va al pub. Quando ha bisogno di meditare su qualcosa, va al pub. Quando non sa cosa fare, va al pub. Il posto più bello del mondo, per un uomo, è il pub. Il pub è il suo rifugio, il suo regno, la sua felicità!*
CONCY: Ah, davvero? Allora stasera la tua cena è al pub!
(John, felice, al telefono: "Ehi, Dave, sto arrivando!".)

CONTINUA...

Abbiamo incontrato un altro *false friend*: "biblioteca" in inglese si dice **LIBRARY**, mentre "libreria" si dice **BOOKSHOP**.

A questo punto, proseguiamo con il nostro controllo bagaglio e tiriamo fuori quella scatolina di mattoncini neri **fondamentali**!

1.21 PREPOSIZIONI

Ripassiamo molto velocemente le preposizioni più importanti che avevamo visto in *English da zero*.

Le preposizioni **AT**, **IN** e **ON** possono indicare un luogo *(place)* o un tempo *(time)*.

LUOGO

- **AT** indica il punto preciso dove si trova qualcuno o qualcosa.
- **IN** indica che qualcuno o qualcosa si trova all'interno di un'area chiusa o comunque circoscritta
- **ON** indica che un oggetto o una persona è appoggiato su una superficie.

TEMPO

• **AT** indica un'ora precisa: *at one o'clock*; *at noon* e così via.

• **ON** indica un giorno o una data: *on Friday*; *on my birthday*; *on Christmas day*; Se poi vuoi dire che fai regolarmente qualcosa in un determinato giorno della settimana, ad esempio "di venerdì" o "tutti i venerdì", aggiungi una -s alla fine del giorno e dici: *on Fridays*.

• Se non è un'ora precisa e non è un giorno allora è per forza **IN**: *in the morning*; *in the evening*; *in 2014*; *in the past* e così via.

Eccezione: quando si usano parole come **night**, **midnight**, **midday** o **the weekend** si usa *at* e non *in*. Perché? Così, tanto per complicare la vita.
Altra cosa importante: quando in una frase ci sono le parole **last** (scorso), **every** (ogni), **next** (prossimo) o **this** (questo), non si usano né preposizioni né articoli.

Rivediamo ora le preposizioni di **MOTO** *(motion)* base che avevamo incontrato:

• **TO** vuol dire "a" e si usa quando ci si sposta verso un luogo;

• **FROM** vuol dire "da" e si usa quando ti sposti da un luogo;

• **INTO** si usa per indicare un movimento da fuori a dentro;

• **ONTO** si usa per indicare un movimento che va dal non essere sopra qualcosa all'esserlo (con contatto).

ESERCIZIO 10

Completa la storia con le preposizioni che abbiamo ripassato. Troverai dei verbi al *Simple Past* che dobbiamo ancora ripassare, ma non temere, sono semplici... e poi ti ho tradotto fra parentesi le parole che potresti non conoscere.

.... Monday, I went .... the railway station .... 10:00 o'clock .... the morning, to take the train .... Birmingham, the city where I come .... I had a copy of *Da Zero* .... my hand. .... the train, I put the book .... the seat next to *(accanto a)* mine. The old lady sitting opposite *(di fronte a)* me looked at me, smiled and said: "I always see you .... tv, you are so argumentative!" *(polemico)* "NO I am not!" I said. Then I reached out for *(ho allungato la mano per prendere)* the book, but what I touched was her long, tired leg. Then she smiled and winked.

Molto bene, ora che abbiamo rispolverato alcune delle preposizioni più importanti, preparati, perché sul treno faremo un bell'approfondimento, ne conoscerai tante altre e ti aiuterò a usarle correttamente. Nel frattempo, vedo qui qualcosa di giallo... No, scimmia, non sono banane.

1.22
AVVERBI

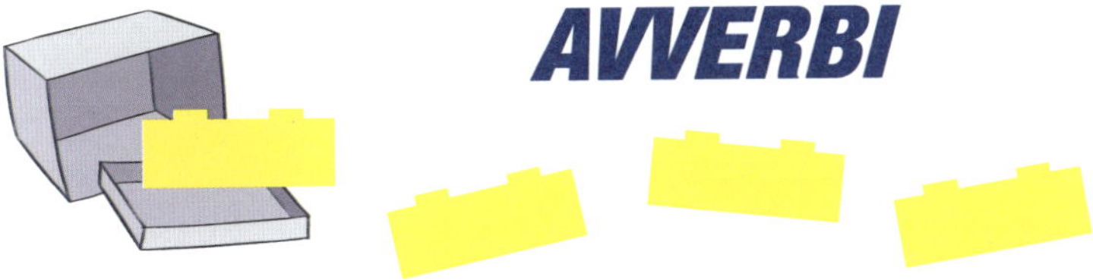

Un avverbio è una parola che descrive quando, dove o come si svolge una certa azione. Se ricordi, ne avevamo già visto qualcuno in *English da zero*, ma adesso voglio insegnarti qualcosa di nuovo. In italiano gli avverbi finiscono spesso in **-mente**; in inglese di solito li riconosciamo dal suffisso **-LY**, che viene aggiunto all'aggettivo dal quale è formato.
Per esempio: **quick** (veloce) + **ly** = **quickly** (velocemente).

Non ti avevo ancora detto, però, che non tutti gli avverbi finiscono in *-LY*! Alcuni avverbi hanno la stessa forma dell'aggettivo, ma si capisce facilmente si tratta dell'uno o dell'altro perché mentre gli avverbi modificano il verb aggettivi modificano il sostantivo. Ti faccio un esempio:

Fast cars go fast.

Le macchine veloci vanno veloce (ma va'?)

Il primo *fast* è aggettivo e si riferisce al sostantivo *cars*, il secondo è un avverbio e si riferisce al verbo *go*.

I have a fast heartbeat.

Ho un battito cardiaco veloce.

She runs fast.

Corre velocemente.

Un esempio particolare che rientra in questa categoria è **HARD** (duro/duramente):

I am working hard.

Sto lavorando duramente.

Combing dolls is a hard job.

Pettinare le bambole è un duro lavoro.

L'avverbio **HARDLY** in realtà esiste, ma ha tutto un altro significato, in quanto significa "appena", "a malapena".

I hardly know her, but I'm already falling in love.

La conosco appena, ma mi sto già innamorando (damn you beer!)

AVVERBI DI FREQUENZA E DI SEQUENZA

...a e di sequenza (*always, never, usually, often, rarely,* ... ecc.) indicano ogni quanto o in quale sequenza ... ella frase, l'avverbio di frequenza si mette fra il ... zione per le frasi con il verbo *to be*; in questi casi, ... erbo.

She is always sad.
Lei è sempre triste.
He rarely calls her.
Lui la chiama raramente.
He usually goes out with his friends in the evening.
La sera, di solito, lui esce con i suoi amici.

Attenzione! In inglese non esiste la doppia negazione, quindi per dire ad esempio che questi due insieme non si divertono mai, non puoi dire: *they don't never have fun*, ma semplicemente: *they never have fun*.

Per fare le domande con gli avverbi di frequenza, basta aggiungere *do* all'inizio della frase e il punto interrogativo alla fine.

Do you always sleep on the sofa?
Dormi sempre sul divano? (Sì, perché lei è sempre arrabbiata.)

L'unico avverbio che cambia è *never*, che nelle interrogative diventa **EVER** e si usa per fare domande come: "vai mai...?", "fai mai...?" e così via.

Do you ever tell her you love her?
Le dici mai che la ami? *(Only when I'm drunk.)*
Do you ever kiss her?
La baci mai? (*NEVER EVER!* Mai e poi mai!)

ESERCIZIO 11

Perdonami, la scimmia ubriaca e maldestra ha combinato un guaio e ha cambiato l'ordine delle parole in queste frasi... puoi aiutarla tu a sistemarle, stando attento a dove porre l'avverbio di frequenza?

1 late she always is

....

2 phone she talks on never the

....

3 ever on do holiday you go?

....

4 drive so don't fast!

....

5 baby my cries often very

....

6 kiss does you she ever?

....

7 I 7 wake usually at up a.m.

....

8 rarely he his washes hair

....

9 tea ten day they a drink usually times

....

10 brushes and after she breakfast always before teeth her

....

Ma cos'è? C'è qualcosa in valigia che mi sta accecando e voglio vedere di che si tratta. Penso sia l'oro di questi mattoncini...

1.23 PAROLE D'ORO

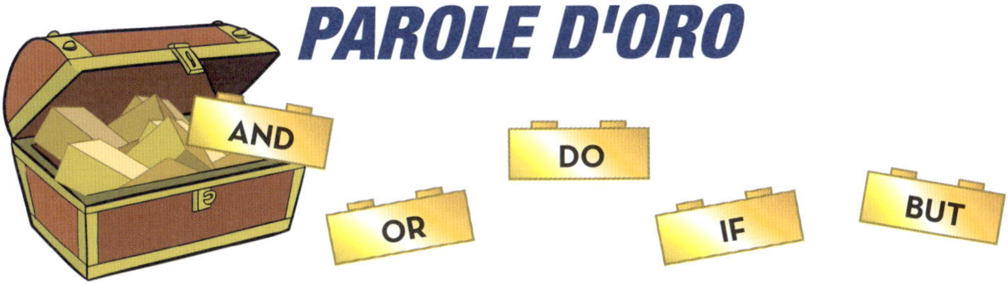

Te le ricordi? Sono *gold words*, ovvero paroline d'oro, perché in inglese sono preziose e si usano spessissimo: *and, or, but, do, if*... Ne rivediamo due che, fra i loro vari rispettivi usi, ne hanno uno particolare in cui puoi confonderle: **TO** e **FOR**. In inglese, infatti, con entrambe queste parole puoi dire "per". Ti ricordo come distinguerle:

TO + VERBO

She goes to the pub to work.
Lei va al pub per lavorare.
She goes to Italy to buy shoes.
Lei va in Italia per comprare scarpe.

FOR + SOSTANTIVO

He goes to the pub for the waitress.
Lui va al pub per la cameriera.
He goes to Italy for the food.
Lui va in Italia per il cibo.

1.24
QUESTION WORDS

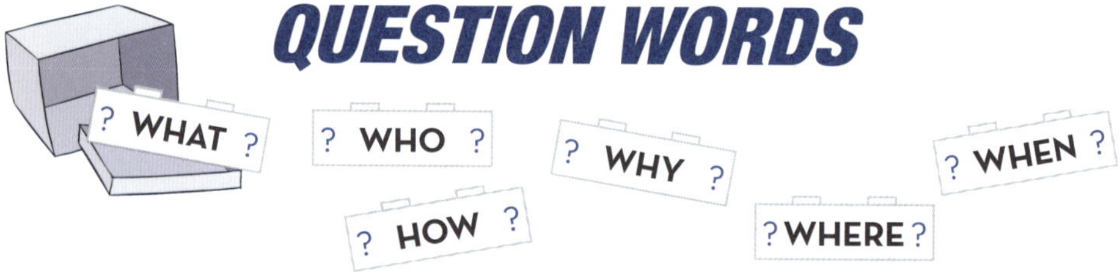

WHO = chi – **HOW** = come – **WHAT** = cosa
WHERE = dove – **WHEN** = quando – **WHY** = perché

Spero vivamente che ormai tu sappia come si formano le domande con le *question words*: *question word* + verbo + complemento.

Forse però non sapevi che quando nella domanda c'è una *question word* e una preposizione (a chi?; con chi?; di cosa?) solitamente lasciamo la *question word* all'inizio della frase e mettiamo la preposizione alla fine:

Who are you looking at?
Chi stai guardando?
What are you talking about?
Di cosa stai parlando?

ESERCIZIO 12

Esercizio nuovo (così non ti annoi mai...): collega le domande alle risposte.

Who is your English teacher?	He's 35.
How old is he?	Twenty years ago.
What does he look like?	Near Milan.
Where does he live?	I have no idea.
When did he move to Italy?	John Peter Sloan.
Why is he everywhere?	He's young, tall, and handsome.

Wow! Siamo già arrivati all'ultimo *block!* (A parte, ovviamente, il *green block* che abbiamo nello zaino.) Chi sa dirmi quale gruppo di parole manca? No, non si vince niente.

1.25
SCHIZO WORDS

Volevo scrivere anche qui il colore dei mattoncini del *block*, ma essendo un uomo mi esprimo con una gamma di colori molto ristretta e non saprei come definirlo. Ah, comunque volevo dirvi che il cammello non è un colore, ma un animale con due gobbe.

SCHIZO WORD è l'espressione che uso per le parole che hanno più di un significato. Pensate alla parola italiana "coda": è la parte del corpo di un animale, ma è anche la fila che fate al supermer... ah, no aspetta, questo esempio in Italia non va bene. A ogni modo, rivediamone alcune fra le più importanti, cominciando da quella di cui ti ho parlato poco fa.

- **WHAT** = che

  What time is it?

  Che ore sono?

  What a mess!

  Che disordine!

- **WHAT** = cosa

  What are you doing with that stuff?

  Cosa stai facendo con quella roba?

La parola *stuff* in inglese è come il prezzemolo e traduce il vostro "roba".

  What?!

  Cosa?! (quando non senti o non capisci qualcosa)

- **WHAT** = quale

Esiste però un'altra *question word* che si traduce allo stesso modo, ovvero **WHICH**, con la quale viene spesso confusa. Ricordi la differenza? *Which* si riferisce alla scelta fra un numero limitato di cose o persone, mentre con *what* la scelta è infinita!

  What is your favourite car?

  Qual è (in generale) la tua macchina preferita?

  Which car do you prefer: the Ferrari or the Reliant Robin?

  Quale macchina preferisci (fra queste due): la Ferrari o la Reliant Robin? (Se non la conosci ci sarà un motivo.)

  Is a dinosaur strong? And what about me?!

  Un dinosauro è forte? E io?!

HOW

• **HOW** = come

How was the film?

Com'era il film?

How come?

Come mai?

• **HOW** = quanto

How old are you?

Quanti anni hai?

Oppure, come avevamo visto, si usa con *much* e *many* per chiedere "quanto?" o "quanti?".

How much is this?

Quanto costa?

How many colours are in a rainbow?

Quanti colori ci sono in un arcobaleno?

LIKE

• **TO LIKE** = piacere

Quando *like* è un verbo, ricorda che in inglese la frase viene costruita così:

soggetto + ***to like*** + **quello che ti piace**

My daughter likes horses.

A mia figlia piacciono i cavalli.

• **LIKE** = come

Si usa per fare un paragone o esprimere una somiglianza:

He eats like a pig.

Mangia come un maiale.

She looks like her goat.

Somiglia alla sua capra.

LIKE v AS

Adesso apro una parentesi importante per spiegarti la differenza tra *like* e la prossima *schizo word*: *as*. Entrambe possono tradursi con "come", ma abbiamo detto che *like* significa "simile a", mentre *as* significa "nel ruolo di" o "con la funzione di".

She works as a dance teacher.
Lavora come insegnante di danza.
He dances like a drunk camel.
Balla come un cammello ubriaco.

As è una parola moooolto schizofrenica. Ti dico i suoi significati principali.

- **AS** = come

- I casi in cui "come" ha l'accezione di "nel ruolo di" li abbiamo appena visti, dunque non è necessario ripeterli.

- In altri casi, si trova in espressioni del tipo:

As I said.
Come ho detto.
As we know.
Come sappiamo.

- **AS** = mentre/quando

He came in as I was naked.
È entrato mentre ero nudo.

- **AS** = poiché/dal momento che

As I'm in love with you, I want to m
Dato che che sono innamorato di te,
pio).

• **AS** + **comparativo** + **AS**
È l'elemento essenziale dei comparativi di uguaglianza:

This dwarf is as short as that one.
Questo nano è basso come quello.
Your hamster is as old as mine.
Il tuo criceto ha la stessa età del mio.

• **SO** = quindi (conseguenza)

She was late, so I went to the cinema on my own.
Era in ritardo (come al solito), quindi sono andato al cinema da solo.

• **SO** = allora (in domande o esclamazioni)

So, what's your name again?
Allora, come hai detto che ti chiami?

• **SO** = così

Innanzitutto, se stai pensando: "ah, certo: *so so* = così così!", fermati subito. Ti assicuro che se domandi a un inglese come sta, non ti risponderà **mai** in questo modo. "Così così" si dice *not bad*.

Aspetta... mi è sembrato di sentir bussare alla porta. A voi no? Mi sbaglierò. Dicevamo... Puoi usare so dove in italiano trovi le parole "così" o "troppo" prima di un aggettivo, con connotazione positiva.
Guarda questi esempi:

I'm so glad to see you!
Sono così felice di vederti!
He's so funny!
Fa troppo ridere!

è?! Allora avevo sentito bene, fammi aprire la porta. Il capotreno *press*? Cosa ci fa lei qui?!

CAPOTRENO: Ho sentito "*so so*" e mi sono trattenuto. Poi però ho sentito anche "*funny*" e sono venuto di corsa dalla stazione. Devo fare, una volta per tutte, una distinzione fra **FUN** e **FUNNY**.

• **FUN** è un sostantivo che significa "divertimento" e si usa per parlare di qualcosa che ci piace fare o ci diverte.

The trip was fun!
La gita è stata bella/divertente!
Going back to work wasn't fun.
Tornare al lavoro non è stato divertente.

• **FUNNY** invece è un aggettivo che significa "buffo, comico" e si usa per parlare di qualcosa o qualcuno che ci fa ridere.

This show is very funny.
Questo spettacolo è molto comico/fa molto ridere.
He told me a very funny joke.
Mi ha raccontato una barzelletta molto divertente/buffa.

Attenzione! *Funny* vuol dire anche "strano". Dal contesto e dal tono usato è facile distinguere i due significati.

This cake tastes funny.
Questa torta ha uno strano sapore.
What's that funny smell?
Cos'è quello strano odore?

CAPOTRENO: Adesso che ho messo in chiaro le cose tolgo il disturbo, così potete proseguire in pace la lezione. Ma sbrigatevi a venire in stazione, l'*Express* partirà fra poco. *I'll see you soon!*

Ok, allora sai che facciamo? Finiamo di vedere gli ultimi mattoncini qui, poi i verbi li vediamo sul treno!

TOO

• **TOO** = troppo

Abbiamo visto che quando in italiano troviamo la parola "troppo" davanti a un aggettivo, con connotazione positiva, in inglese si usa *so*. Quando invece "troppo" si usa in senso negativo, in inglese si mette **TOO**.

His hair is too long.
I suoi capelli sono troppo lunghi.
His trousers are too short.
I suoi pantaloni sono troppo corti.

• **TOO** = anche (sempre alla fine della frase)

We are coming too!
Veniamo anche noi!

BY

Ha moltissimi significati, ti insegno i più importanti:

• **BY** = vicino a/accanto a/presso

È sinonimo di *close to* e *near*.

We are sitting by the fire.
Siamo seduti accanto al fuoco.

• **BY** = di/da (fatto, scritto, composto...)

This book was written by a drunk monkey.
Questo libro è stato scritto da una scimmia ubriaca.

- **BY** = non più tardi di/entro/per

  Hurry up, we must be there by 10 a.m.!
  Sbrigati, dobbiamo essere là per le 10!

- **BY** = per mezzo di/con/in (riferito a mezzi di trasporto)

  We went to the restaurant by car.
  Siamo andati al ristorante in macchina.

Attenzione! L'espressione "a piedi" **non** si traduce con *by feet*, ma *on foot*!

Eccoci arrivati all'ultima *schizo word* di cui vi voglio parlare!

JUST

- **JUST** = solo/solamente

  Don't get angry, I'm just asking!
  Non arrabbiarti, sto solo chiedendo!
  Don't worry, it's just a shark.
  Non preoccuparti, è solo uno squalo.

- **JUST** = appena

  The letter has just arrived.
  La lettera è appena arrivata.
  Just in time!
  Appena in tempo!

Molto bene, abbiamo terminato le prime importanti *schizo words* prima di diventare *schizo* anche noi (la scimmia lo è già da un bel po'). Ci sarà occasione più avanti per conoscerne di nuove e utilissime.

ESERCIZIO 13

Nel frattempo esercitati un po', traducendo qualche frase con tutte le *schizo words* che abbiamo visto.

1 Che giornata meravigliosa!

....

2 Come sta tuo nonno?

....

3 E tu? (usa l'espressione con *what*)

....

4 Lei non mi piace, sembra un asino e cammina come un elefante.

....

5 Lui lavora come stilista a Milano.

....

6 Come ho detto prima, non è carina quanto te.

....

7 Smettila (*stop it!*), non fa ridere!

....

8 La vita è troppo corta.

....

9 Per favore, finiscilo entro mercoledì.

....

10 Allora, qual è il tuo numero di telefono?

....

Vediamo cos'altro rimane in valigia: *socks... shirts... toothpaste... dental floss... nailbrush... eyelash curler... eyelash curler?!*

Ecco, fra la roba (più o meno strana) che ti porti in viaggio, ho trovato qualcosa di molto utile. In *English da zero* avevamo cominciato a parlarne, ma data l'importanza ora lo approfondiamo un po'.

1.26 GENITIVO SASSONE

Se in inglese vuoi indicare l'appartenenza di qualcosa a qualcuno, per esempio dire a chi appartiene questa valigia, come fai?

Dicevo... In inglese il possesso, a meno che non sia espresso da un pronome o da un aggettivo possessivo, viene indicato con il **GENITIVO SASSONE**, che si costruisce così:

possessore + 'S + cosa posseduta

e si usa con:

- **PERSONE**

  My uncle's house.

  La casa di mio zio.

- **ANIMALI**

  Her cat's bowl.

  La ciotola del suo gatto.

- **ESPRESSIONI DI TEMPO**

  Today's news.
  Le notizie di oggi.

- **CITTÀ O NAZIONI**

  Birmingham's *Old Crown*.
  L'*Old Crown* di Birmingham (è un pub).

Attenzione! Quando ci sono più possessori, stai attento alla differenza:

- se si parla di una cosa che appartiene a entrambi, si usa *'S* solo dopo l'ultimo possessore:

  Jen and Greg's children.
  I figli di Jen e Greg.

- se si parla di una stessa cosa, ma ognuno ha la propria, si usa *'S* dopo entrambi i possessori:

  Jen's and Greg's children.
  I figli di Jen e quelli di Greg.

Ai sostantivi plurali, che terminano quindi già con una *-S*, aggiungi solo l'apostrofo:

My neighbours' daughter.
La figlia dei miei vicini.

Ai nomi propri che terminano con una *-S*, puoi aggiungere sia *'S*, sia solo l'apostrofo:

Mr. Roberts's ugly dog.
Il brutto cane del sig. Roberts.
Mr. Roberts' ugly dog (rimane comunque il brutto cane del sig. Roberts).

Con il genitivo sassone si possono sottintendere le parole **house** (casa), **shop** (negozio), **church** (chiesa):

I'm going to the hairdresser's.
Sto andando dal parrucchiere.
See you later at Bob's.
Ci vediamo dopo a casa di Bob.

Se i sostantivi con i quali vuoi indicare un'appartenenza non rientrano nella costruzione del genitivo sassone, hai due opzioni.

- Usi la preposizione **OF**:

  The colour of the sky.

  Il colore del cielo.

- Usi nome della cosa + ciò che fa parte di essa:

  The door handle.

  La maniglia della porta.

E se la mia ragazza mi parla di nuovo delle scarpe della sorella della sua amica? Dirà: **my friend's sister's shoes!**

ESERCIZIO 14

Per non perdere questa buona abitudine, facciamo un altro semplice esercizio: traduci queste frasi utilizzando il genitivo sassone.

1 L'incontro di domani è molto importante.

....

2 La macchina dei tuoi genitori è troppo bella!

....

3 Le zampe del mio cane sono più pulite dei piedi di tuo fratello.

....

4 Vado dal macellaio per comprare la carne (ma dài...).

....

5 A lei piace il rumore della pioggia.

....

A proposito di cose che ci appartengono, mi sono venute in mente le parti del corpo e vorrei brevemente ricordarti come sono connesse agli importantissimi verbi di percezione.

1.27 HUMAN BODY AND THE FIVE SENSES

Innanzitutto, ricordati che in inglese con questi verbi si usa **CAN** ("riesco, posso"): *I can see, I can smell, I can hear.* Spesso, in questi casi, in italiano *can* non viene tradotto: "vedo...", "sento l'odore di...", "sento un rumore...".

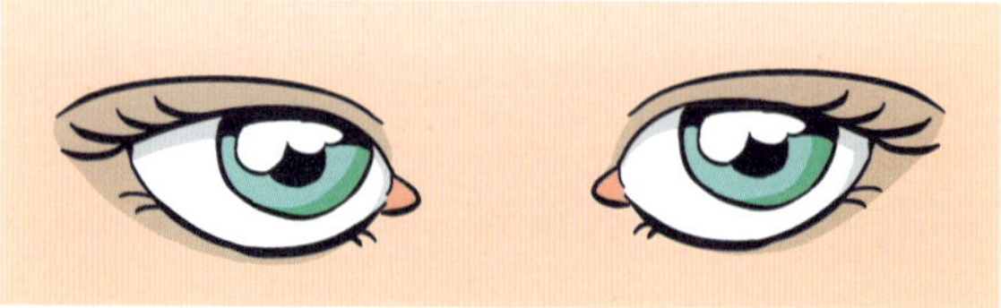

EYES

Gli occhi sono collegati al senso della vista: **SIGHT**.

- **VEDERE** (azione involontaria): *to see/saw/seen*
- **GUARDARE** (azione volontaria): *to look/looked/looked*, quando poni l'attenzione sull'aspetto di qualcuno o qualcosa; *to watch/watched/watched*, quando poni l'attenzione sull'azione che qualcosa o qualcuno sta compiendo.

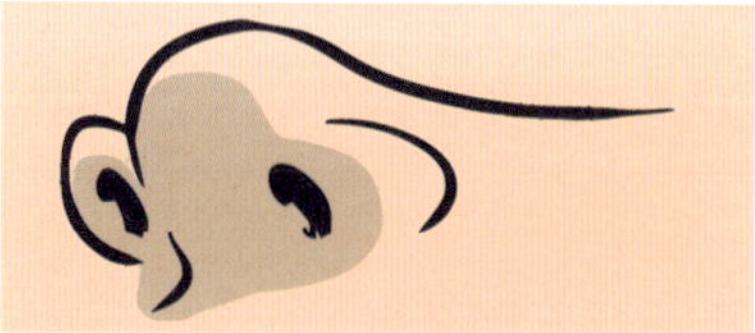

NOSE

Il naso è collegato al senso dell'olfatto: **SMELL**.

ODORARE/ANNUSARE: *to smell/smelled/smelled*

Il sostantivo *smell* significa anche odore ed è neutro finché non aggiungi un aggettivo, quindi puoi avere un profumo, *a good smell*, o una puzza, *a bad smell*.

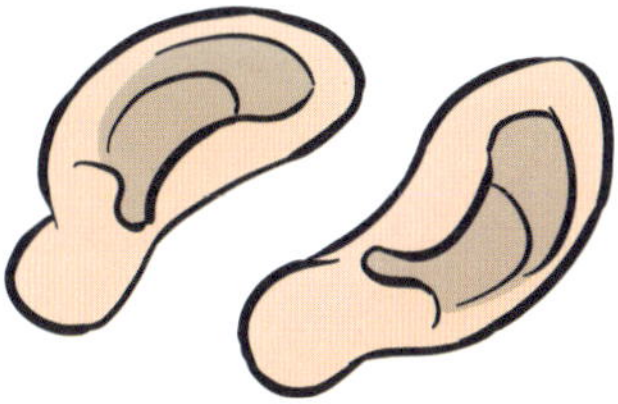

EARS

Le orecchie sono collegate al senso dell'udito: **HEARING**.

- **SENTIRE/UDIRE** (azione involontaria): *to hear/heard/heard*
- **ASCOLTARE** (azione volontaria): *to listen/listened/listened*

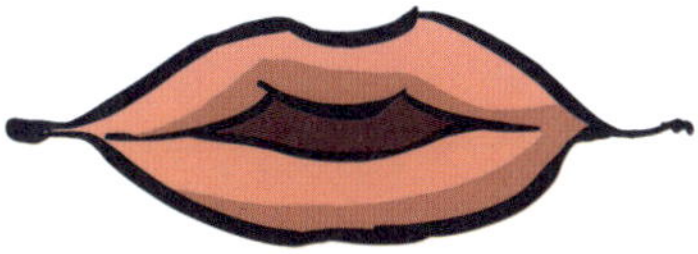

MOUTH

La bocca è collegata al senso del gusto: **TASTE**.
ASSAPORARE/GUSTARE/SENTIRE: *to taste/tasted/tasted*

THE VOICE

Collegata alla bocca c'è la voce, che può fare tante cose (a volte troppe, come nel caso della scimmia ubriaca).

- **PARLARE**: *to speak/spoke/spoken*, usato soprattutto nel senso di "parlare una lingua" o in ambiti più formali. *To talk/talked/talked*, più informale e usato per tutto il resto
- **DIRE**: *to say* è "dire" più in generale e si usa principalmente per discorsi "a due vie": tu hai detto, io ho detto, tu hai detto ancora ecc. *To tell*, invece, è inteso più come informare, raccontare "a una via" ed è seguito dal pronome personale complemento, che indica a chi si parla.

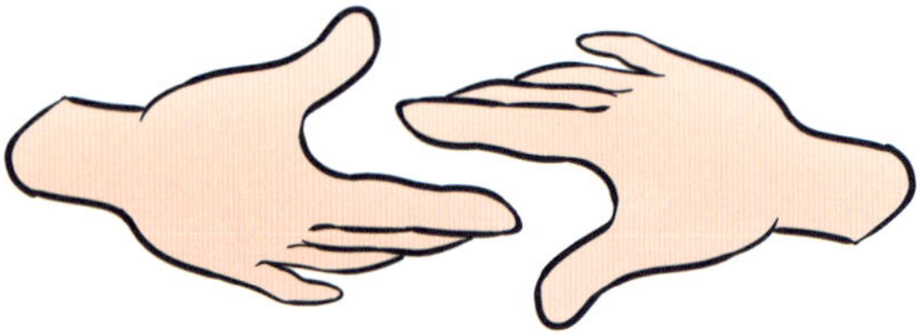

THE FIFTH SENSE

Manca solo il quinto senso, il tatto: **TOUCH**.

• **TOCCARE**: *to touch/touched/touched*

Ricorda che, come in italiano, *to be touched* ("essere toccato") si riferisce anche alla sfera emotiva.

• **SENTIRE**: *to feel/felt/felt*

Attenzione! Guarda queste differenze:

• sentire con le mani: *to feel*

• sentire emotivamente, nel senso di provare un'emozione/sentirsi, come stato fisico: *to feel*

• sentire col naso: *to smell*

• sentire con le orecchie: *to hear*

Infine, se dovesse farti male qualcosa, ti insegno come puoi lamentarti e rendere la tua compagnia piacevole agli altri: prima indichi la parte del corpo che ti fa male (ricordandoti che in inglese, quando ti riferisci alle parti del corpo, devi usare sempre l'aggettivo possessivo), poi aggiungi il verbo **TO HURT** ("fare male"):

My big toes hurt.
Mi fanno male gli alluci.

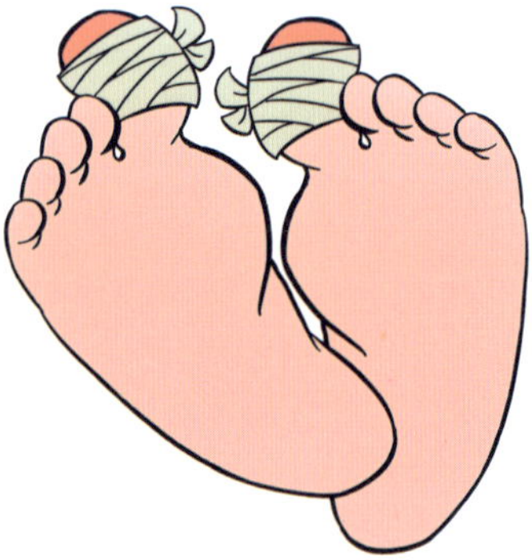

ESERCIZIO 15

Hai visto quanti verbi utili hai imparato? Per non dimenticarli, mettiti subito alla prova traducendone un po'.

"Guarda! Lo vedi quel piccione sulla testa di nostro figlio?" – "Sì, lo vedo, smetti di gridare." – "Digli di andare via!" – "Non posso." – "Perché?!" – "Perché non parlo con i piccioni!"

....

....

....

....

....

....

La sera, io e la mia ragazza, ci sediamo sul divano a guardare la tv. Lei mi tocca sempre la mano e mi sussurra all'orecchio. Io la spingo via e guardo la partita. Lei dice che sono un mostro, poi la sento piangere... e mi sento in colpa *(to feel guilty)*.

....

....

....

....

....

....

Fantastico! Ora che abbiamo ricontrollato il tuo bagaglio e lo abbiamo arricchito con nuovi *items*, possiamo momentaneamente chiuderlo. Una volta a bordo dell'*Express*, potrai riaprirlo tutte le volte che ne avrai bisogno. A questo punto, possiamo finalmente andare in stazione a fare il *ticket test*! Riprenderemo il nostro zaino verde dopo essere saliti sul treno e cominceremo lì a rivedere e approfondire i tempi verbali.

At the station

JPS: Wow, questa stazione è enorme! Ci sono treni che ti portano in tutte le direzioni, a seconda della lingua che vuoi imparare... A noi adesso serve l'inglese e dobbiamo cercare il capotreno dell'*English Express* per farci dare il foglio del test... Eccolo!

CAPOTRENO: Guarda chi c'è: l'insegnante di inglese, il suo studente e la bestia sbronza... Bene, era ora che arrivaste! Il treno partirà a breve e per poter salire a bordo avrete bisogno di un biglietto speciale.

SCIMMIA: Possiamo pagarlo in banane?

CAPOTRENO: No, il biglietto per l'*Express* non si paga, figuriamoci in banane. Per ottenerlo bisogna semplicemente passare il test. Devo accertarmi che abbiate preparato il bagaglio adeguato per poter affrontare questo viaggio.

SCIMMIA: Io l'ho preparato. Un cambio di mutande al giorno dovrebbe bastare, no?

CAPOTRENO: Intendevo bagaglio di conoscenze della lingua. Quando avrete finito, controllerò il vostro punteggio e deciderò se lasciarvi salire o rimandarvi a casa a fare nuovamente la valigia. Eccovi il test e mi raccomando: **NO CHEATING!** (Non barate!)

TICKET TEST

1 Mio padre è un fabbricante di polli di gomma.

A My father is the rubber chicken maker.
B My father is a rubber chicken maker.
C My father is rubber chicken maker.

2 Lei ha una bella gonna rossa.

A She has a nice red skirt.
B I has a nice red skirt.
C He has a nice red skirt.

3 Lui è tuo zio?

A He is your uncle?
B Is he your uncle?
C Does he is your uncle?

4 Vivi a Milano, non è vero?

A You live in Milan, do you?
B You live in Milan, are you?
C You live in Milan, don't you?

5 Quella è la tua macchina? – Sì.

A Is that your car? – Yes.
B Is that your car? – Yes, it is.
C Is that your car? – Yes, it's.

6 Non abbiamo un criceto morto in giardino.

A We don't have a dead hamster in the garden.
B We not have a dead hamster in the garden.
C We have not a dead hamster in the garden.

7 Lui non la ama.

A He doesn't love him.
B He doesn't love her.
C He doesn't love she.

8 In inglese, abbiamo il *double object* quando:

A un oggetto è formato da due parti (es: *scissors* = forbici).
B un verbo è seguito da due complementi: uno indiretto e uno diretto (es: *give me a kiss*).
C un verbo è seguito da due sostantivi (es: *I like fish & chips*).

9 Questa è la mia parrucca preferita.

A This is my favourite wig.
B That is my favourite wig.
C These is my favourite wig.

10 Questo è il mio succo di rapa, quello è il tuo.

A This is my turnip juice, that one is your.
B This is my turnip juice, that one is your's.
C This is my turnip juice, that one is yours.

11 Quel ciclope ha un occhio bellissimo.

A This cyclops has a beautiful eye.
B That cyclops has a beautiful eye.
C Those cyclops has a beautiful eye.

12 Le sue (di lui) orecchie sono enormi.

A His ears are massive.
B Her ears are massive.
C He's ears are massive.

13 Loro hanno due bambini, tre topi e quattro pecore.

A They have two children, three mice and four sheep.
B They have two childs, three mouses and four sheep.
C They have two children, three mouses and four sheeps.

14 Non ho soldi in tasca.
- A I haven't got moneys in my pocket.
- B I haven't got any money in my pocket.
- C I haven't got a money in my pocket.

15 C'è del ketchup in frigo?
- A There is some ketchup in the fridge?
- B Is there some ketchup in the fridge?
- C Is there any ketchup in the fridge?

16 Ci sono molti piccioni sulla tua macchina.
- A There are many pigeons on your car.
- B There are a lot pigeons on your car.
- C There are more pigeons on your car.

17 Lui ha pochi capelli.
- A He has little hair.
- B He has few hair.
- C He has a few hair.

18 Io ho nove matite, lui non ne ha.
- A I have nine pencils, he doesn't have.
- B I have nine pencils, he has none.
- C I have nine pencils, he has any.

19 C'è qualcuno là fuori?
- A Is there somebody out there?
- B There is anybody out there?
- C Is there anybody out there?

20 Hanno due grasse anatre gialle.
- A They have two fats yellows ducks.
- B They have two yellow fat ducks.
- C They have two fat yellow ducks.

21 **Birmingham è molto più bella di Roma.**
A Birmingham is more much beautiful that Rome.
B Birmingham is much more beautiful that Rome.
C Birmingham is much more beautiful than Rome.

22 **In inglese, la preposizione di tempo *at* si usa per indicare un'ora precisa** *(at one o'clock)*, **mentre *on* si usa per indicare giorni o date** *(on August 18)*.
A True
B False

23 **La preposizione di luogo *into* esprime il movimento da fuori a dentro** *(I went into the garage)*.
A True
B False

24 **Noi lavoriamo sodo.**
A We work hard.
B We work hardly.
C We hardly work.

25 **Vado al cinema per guardare un film.**
A I go to the cinema for watch a film.
B I go to the cinema to watch a film.
C I go to the cinema for to watch a film.

26 **Che musica ti piace?**
A Which music do you like?
B Which music you like?
C What music do you like?

27 **Con chi stai parlando?**
A Who are you talking to?
B To who are you talking?
C With who are you talking?

28 Quanti anni ha il tuo cavallo?

A How many years has your horse?
B How old is your horse?
C How much old is your horse?

29 In inglese, se vuoi parlare di qualcuno o qualcosa che ti fa ridere, devi usare il sostantivo *fun* (*es: he is fun*)**.**

A True
B False

30 La gallina di Bob è cieca.

A Bob's hen is blind.
B The hen of Bob is blind.
C Bob hen's is blind.

31 La macchina di mamma e papà è vecchia.

A Mum's and dad's car is old.
B Mum and dad's car is old.
C The car of mum and dad is old.

32 Non ti sento, c'è troppo rumore!

A I don't hear you, there's too much noise!
B I can't hear you, there's too much noise!
C I don't listen to you, there's too much noise!

33 Mamma mi racconta molte storie.

A Mum tells me a lot of stories.
B Mum says to me a lot of stories.
C Mum talks to me a lot of stories.

34 Scrivi quest'ora in parole: "sono le 16.56".

A It's five minus four in the afternoon.
B It's four minutes to five in the afternoon.
C It's four fifty-six in the morning.

35 Il test è finito.

A I am happy.

B I am extremely happy.

C I am sad.

CALCOLO PUNTEGGIO

DA 0 A 15 PUNTI

Torna immediatamente a casa a rifare la valigia.

DA 16 A 25 PUNTI

Resta un po' in stazione e ricontrolla bene le cose che ti sono sfuggite.

DA 26 A 35 PUNTI

Puoi avere il biglietto per salire sull'*Express*!

All aboard!

JPS: Bravo! Se sei qui, vuol dire che te lo sei meritato, perché hai totalizzato un numero di punti sufficiente per ottenere il biglietto dell'*Express!*

SCIMMIA: Oppure hai semplicemente barato...

JPS: Sarò io stesso a guidare il treno e ad accompagnarti durante questo nuovo viaggio; tu non dovrai fare altro che continuare a migliorare il tuo inglese divertendoti e vedrai che arriverai a destinazione senza problemi!

SCIMMIA: In caso contrario, sarai scaraventato fuori dal treno in corsa e, se sopravvivi, potrai sempre provare a studiare il cinese, la lingua del futuro.

NOTA EDITORIALE

Ci scusiamo molto per le continue interruzioni della scimmia ubriaca. Vi preghiamo di voler ignorare i suoi interventi, del tutto inopportuni, mentre cerchiamo ancora il responsabile che le permette di parlare.

JPS: Ecco che arriva il capotreno, io vado a prepararmi, ci vediamo dopo!

CAPOTRENO: Well done! You're ready to board the *Express*, here are two *Second Class* tickets: one for you and one for your pet. I'll see you later!

SCIMMIA: Wait a minute! Which platform does the *English Express* leave from?

CAPOTRENO: Platform E.

SCIMMIA: Right... and how do we get to platform E from here?

CAPOTRENO: Are you on foot?

SCIMMIA: Is that a serious question?

CAPOTRENO: Ok... Go straight on, then turn right. Walk past the second hand socks shop on your left. Keep going straight on, until you see a big plastic frog: you can't miss it, it's massive and it's wearing a pink hat. When you reach the frog, turn left and you'll see both an escalator in front of you and a lift on your right, that will take you down to platform E. Is everything clear? Good, see you later!

Half an hour later...

SCIMMIA: °**°#*#... non abbiamo ancora imparato a chiedere e dare indicazioni! L'unica cosa che ricordo è che *left* vuol dire destra e *right* sinistra... ma dato che ci siamo persi è facile che mi sbagli.

SCIMMIA: Aspetta, c'è un cartello:

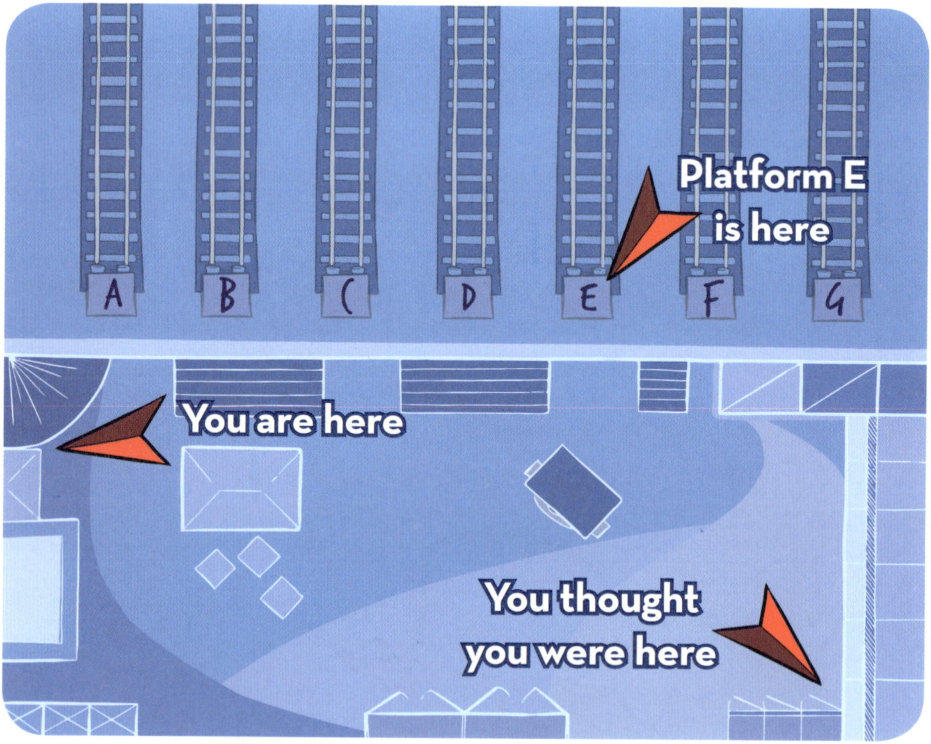

JPS: Ehi, non vi ho visti salire e sono tornato a cercarvi. Venite con me, il treno deve partire subito, il capotreno si sta spazientendo!

2

Second Class

JPS: Hi, this is John speaking and I'm the driver of this train. Welcome aboard the *English Express*. Al momento, il capotreno ha deciso di farvi salire in Seconda Classe. Questo non vuol dire che dovrete rimanere in piedi durante tutto il tragitto o viaggiare accanto a polli e galline. Significa semplicemente che, per poter passare in Prima Classe, dovrete prima rivedere anche i tempi verbali che abbiamo nello zaino. Poi ci sarà un altro breve test da fare. Fino ad allora, per andare più veloci, il treno non farà fermate.

SCIMMIA: Io però sono sicuro di aver visto qualcuno salire già in Prima Classe...

JPS: Tu non sei attendibile e non è salito nessuno. We are now ready to depart, please take your seats and enjoy your journey!

2.1
SIMPLE PRESENT

Il *Simple Present* è davvero semplice, ma devi fare attenzione perché in italiano si tende a utilizzarlo più spesso che in inglese! Stai quindi sempre attento al *senso* che vuoi esprimere nella frase. Se in inglese mi dici: *I try to wash my cat* (provo a lavare il gatto), io capisco che tu di solito passi il tempo a rincorrere la povera bestia per darle una strigliata. Magari invece intendevi dire che in questo momento stai provando a lavare il gatto. In tal caso, in inglese il *Simple Present* non è accettabile (e devi per forza dire: *I'm trying to wash my cat*).

Detto ciò, rivediamo subito i due usi di questo tempo.

1 AZIONE RIPETUTA

Si usa per parlare di azioni che si fanno o avvengono abitualmente. Per esprimere la frequenza con la quale avviene l'azione, puoi usare espressioni di tempo come: *in the evening*, *at night*, *every day*, *once a week*, *twice a year* e così via, oppure avverbi di frequenza come quelli che abbiamo imparato: *always*, *often*, *never* ecc.

I go to Paris twice a month.
Vado a Parigi due volte al mese.
That shop closes at 4 p.m.
Quel negozio chiude alle 4 di pomeriggio.

2 DATO DI FATTO

Si usa per esprimere un dato di fatto o una verità assoluta.

The sky is blue.
Il cielo è blu
Your shirt is hideous.
La tua camicia è orrenda (I'm sorry, but it's a fact).

La coniugazione del verbo rimane invariata per tutte le persone, tranne per la terza persona singolare *(he/she/it)* a cui, **solo** nella forma affermativa, bisogna aggiungere una *-S* finale.
Nell'interrogativa e nella negativa è l'ausiliare *do* che viene coniugato. Come sempre.

La **FORMA AFFERMATIVA** si costruisce così:

SOGG. + **VERBO** + **COMPLEMENTO**

She talks all the time.
Parla tutto il tempo.

Per la **FORMA INTERROGATIVA** dobbiamo ritirare fuori la *gold word do*, che si comporta come con l'ausiliare *to have*:

DO / DOES + SOGG. + VERBO + COMPLEMENTO + ?

Does he always talk so much?
Parla sempre così tanto?

Lo stesso vale per la **FORMA NEGATIVA**:

SOGG. + DO / DOES + NOT + VERBO + COMPLEMENTO

She doesn't like silence.
Non le piace il silenzio.

QUESTION TAGS & SHORT ANSWERS

Come si usano le *question tags* con il *Simple Present*? Con la *gold word do*!

You play the guitar, don't you?
Suoni la chitarra, vero?
She cooks very well, doesn't she?
Cucina moto bene, non trovi?

E le *short answers*? Semplice, sempre con la *gold word do*! (Hai visto quanto è utile?)

Do you like studying English?
Ti piace studiare inglese?
Yes, I do!
Sì (mi piace)!

2.2
DO v MAKE

Abbiamo parlato molto di questa *gold word do* e, *while we're at it* (già che ci siamo), ti dico che *do* è anche un verbo e significa "fare". Anche *make* vuol dire "fare"... Ti ricordo brevemente quali sono le sfumature di significato.

• **TO DO** significa "fare" in generale: svolgere, fare un lavoro, fare i compiti, praticare uno sport, ma senza creare niente:

To do the washing = fare il bucato

To do an exercise = fare un esercizio

• **TO MAKE** significa "fare" nel senso di "creare" (anche qualcosa di immateriale), preparare, fare qualcosa che prima non c'era:

To make dinner = preparare la cena

To make friends = fare amicizia

Make significa anche provocare una reazione...

She makes me happy.

Mi fa felice.

I make her cry.

La faccio piangere.

... oppure costringere qualcuno a fare qualcosa:

His parents make him eat spinach.

I suoi genitori lo costringono a mangiare gli spinaci.

He makes us listen to his terrible jokes.

Ci costringe ad ascoltare le sue terribili battute.

ESERCIZIO 16

Per farti tradurre questo esercizio, visto che siamo al primo tempo verbale, ho deciso di aiutarti un po' e ti ho scritto l'infinito dei verbi presenti nel testo: devi solo usare la forma corretta del *Simple Present* e metterli al posto giusto! *Very easy*... ma non ti ci abituare.

to sleep – to do – to walk – to have – to run – to love – to have – to ride
to go out – to eat – to make – to stroke – to come back
to feed – to hug – to be

Mia figlia ha un cavallo che si chiama *(named)* Pasquale, che mangia, corre e dorme tutto il tempo. Ogni giorno, dopo la scuola, lei torna a casa, non fa i compiti e cavalca Pasquale. Io le dico di farlo camminare piano, ma lei lo fa correre veloce. Si divertono molto insieme! Lei gli vuole molto bene: gli dà da mangiare, lo carezza e lo abbraccia sempre. Lui è molto fortunato, ma io sono triste perché è un dato di fatto: lei vuole più bene al suo cavallo che a suo padre!

2.3 PRESENT CONTINUOUS

Il *Present Continuous* traduce il gerundio italiano, cioè i verbi che finiscono in "-ando", "-endo", ed è reso inconfondibile dal suffisso **-ING**.

FORMA AFFERMATIVA

SOGG. + TO BE + FORMA BASE + ING

He is writing.
Sta scrivendo.

Per la forma interrogativa e quella negativa devi considerare la struttura del verbo essere: perciò per l'interrogativa inverti la posizione del soggetto e il verbo *to be*, mentre per la negativa aggiungi *not* al verbo essere.

FORMA INTERROGATIVA

TO BE + SOGG. + FORMA BASE + ING + ?

FORMA NEGATIVA

SOGG. + TO BE + NOT + FORMA BASE + ING

Is he writing?
Sta scrivendo?
He is not writing.
Non sta scrivendo.

Anche per quanto riguarda le *question tags* e le *short answers*, questo tempo verbale segue le regole del verbo *to be*.

He's still playing, isn't he?
Sta ancora giocando, vero?
Is he still playing? – No, he's not.
Sta ancora giocando? – No (non più).

Il *Present Continuous* ha tre usi fondamentali:

1 NOW

Esprime un'azione che si svolge adesso, nel momento in cui si parla. È usato quasi sempre quando non vedi la persona con cui parli (magari è chiusa in bagno o siete al telefono) o quando vedi cosa sta facendo ma vuoi maggiori informazioni a riguardo.
Chiedo a mio fratello, chiuso in bagno da ore:

What are you doing, Tom?
Cosa stai facendo, Tom?
I'm talking to myself in front of the mirror.
Sto parlando con me stesso allo specchio.

Apro la porta:

And why are you doing this?
E perché lo stai facendo?
Because I'm a very interesting person!
Perché sono una persona molto interessante!

2 PERIOD

Indica un'azione cominciata nel passato ma che non è ancora finita, che sta accadendo cioè in questo periodo.

What are you doing these days?
Cosa stai facendo in questo periodo?
I'm working as a dog food taster.
Sto lavorando come assaggiatore di cibo per cani.

3 FUTURE

Indica un'azione che si svolgerà nel futuro. So cosa stai pensando e hai ragione, ma è proprio così! L'azione futura è già stata programmata ed è qualcosa di cui si sa già tutto: il giorno, l'ora, con chi... potresti già mettere una crocetta sul calendario per fissarla! Generalmente si riferisce a un futuro prossimo e si può usare con espressioni di tempo come: *tonight*, *tomorrow morning*, *on Friday*, *next month* e così via.

What are you doing on Saturday?
Cosa fai sabato?
I'm playing snooker with my friends.
Gioco a biliardo con i miei amici.

Ti insegno infine un altro uso del *Present Continuous* di cui forse non hai mai sentito parlare. Puoi usare questo tempo verbale anche quando vuoi porre l'enfasi su qualcosa che dici o vuoi lamentarti di qualcuno o qualcosa; in quest'ultimo caso, usi l'avverbio *always*.

I'm not listening to your constant moaning!
Non voglio ascoltare la tua lagna continua!
She's always complaining about everything!
Si lamenta sempre di tutto!

ESERCIZIO 17

Anche quando sono fuori per lavoro, chiamo sempre a casa per sapere cosa sta succedendo lì. A volte, però, preferirei non saperlo... Traduci questa telefonata fra me e mia figlia, tenendo presente i tre usi del *Present Continuous!* Ti aiuto con qualche suggerimento.

while (mentre); **to brush** (spazzolare/si); **leather** (di pelle); **to hide** (nascondere/si); **to get old** (invecchiare); **to play hide-and-seek** (giocare a nascondino)

1 *JOHN:* Ciao tesoro, cosa stai facendo?

....

2 *DAUGHTER:* Sto contando le formiche in cucina mentre mi spazzolo i capelli.

....

3 *JOHN:* E tuo fratello cosa sta facendo?

....

4 *DAUGHTER:* Sta mangiando biscotti al cioccolato sul divano bianco di pelle mentre guarda la tv.

....

5 *JOHN:* E mamma cosa sta facendo?

....

6 *DAUGHTER:* Sta cercando nonno.

....

7 *JOHN:* Perché mamma sta cercando nonno?

....

8 *DAUGHTER:* Perché nonno si sta nascondendo dappertutto.

....

9 *JOHN:* Perché lo fa?

10 *DAUGHTER:* Perché sta invecchiando.

11 *JOHN:* La mamma lo sta ancora cercando?

12 *DAUGHTER:* Rimani in linea... Mamma dice che nonno si sta nascondendo nell'armadio.

13 *JOHN:* Perché si sta nascondendo lì?!

14 *DAUGHTER:* Aspetta... perché nonna si sta nascondendo nel frigo.

15 *JOHN:* Cosa?!

16 *DAUGHTER:* Non preoccuparti, mamma dice che lunedì prossimo li portiamo dal dottore.

17 *JOHN:* Lunedì prossimo non è possibile. Io, nonno e nonna andiamo al parco a giocare a nascondino.

Molto bene... Tu invece non nasconderti da nessuna parte: c'è una nuova storia da tradurre!

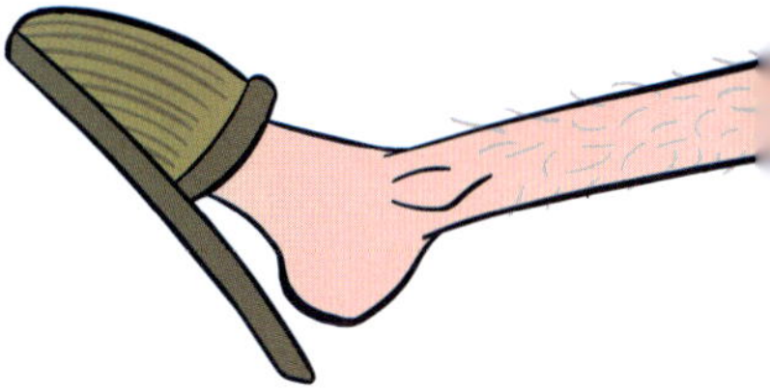

STORY 3

L'altro giorno ho discusso con Concy. Lei dice che non la capisco mai... e ha ragione. Ma volevo spiegarle il perché.

you are right (hai ragione); **scientifically** (scientificamente); **each** (ciascuno); **to be for** (servire); **to get excited** (entusiasmarsi); **useless** (inutile); **cinnamon** (cannella); **wallpaper** (carta da parati); **of value** (di valore); **ornament shop** (negozio di soprammobili); **to talk to oneself** (parlare da solo); **to apply** (spalmare); **anti-wrinkle cream** (crema anti-rughe); **silly** (sciocco); **to work** (funzionare/agire); **plastic case** (custodia di plastica); **to carry** (portare/trasportare)

JOHN: Concy, ascoltami, per favore, e non dire niente finché non finisco di parlare. Voglio dirti una cosa: hai ragione, non ti capisco. E sai perché? Perché tu sei una donna e io sono un uomo. Non è scientificamente possibile per me capirti. Siamo diversi. Io ho solo un nome per ciascun colore, non ho quaranta paia di scarpe perché non ho piedi in più e non ho idea a cosa servano quei cuscini sul divano. Non mi entusiasmo per cose inutili come le candele alla cannella o la carta da parati e non trovo mai nulla di valore nei negozi di soprammobili...

CONCY: Ciao, caro, sono tornata a casa! Perché sei dietro la porta del bagno a parlare da solo?

JOHN: Concy?! Non sei dentro il bagno a spalmarti la tua costosa crema anti-rughe per il collo?

CONCY: Non essere sciocco, lo sanno tutti che quella crema funziona solo quando dormi! Oggi è sabato e stamattina sono andata a fare shopping! Guarda cosa ho trovato in quel bellissimo negozio di gadget!

JOHN: Che diamine è quel coso?

CONCY: Una custodia di plastica per banane! Non è un'idea assolutamente brillante? Ora posso portarmi banane nella borsa ogni volta che voglio!

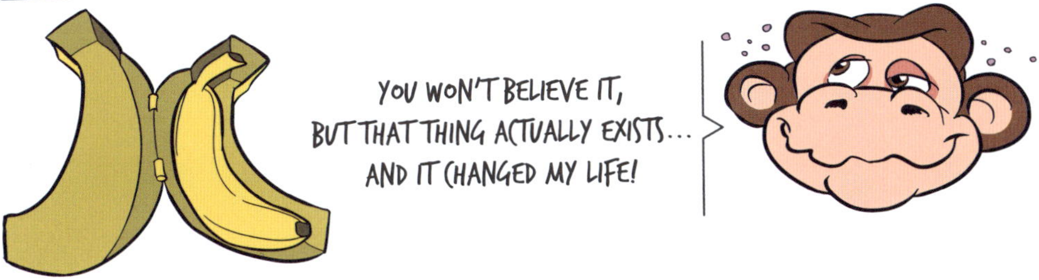
YOU WON'T BELIEVE IT,
BUT THAT THING ACTUALLY EXISTS...
AND IT CHANGED MY LIFE!

2.4
TO BE GOING TO

Going to in inglese si usa in tre modi diversi.

1 TO BE GOING TO + LUOGO

Questo è semplice e l'abbiamo appena visto: è il *Present Continuous* del verbo *to go* (andare).

Tomorrow we are going to the theatre.
Domani andiamo a teatro.

Adesso, invece, tenetevi forte perché vi presento il top del *nonsense*.

2 TO BE GOING TO + VERBO

Questa costruzione può indicare due cose.

• È il **futuro intenzionale**. Indica cioè l'intenzione di fare qualcosa nel futuro, senza essere necessariamente programmato come il *Present Continuous Future*. Non sai quando questa cosa accadrà, ma hai intenzione di farla. Nella forma interrogativa equivale a chiedere: "cosa hai intenzione di fare?".

He is going to go on a diet, but she is not going to marry him anyway.
Lui ha intenzione di mettersi a dieta, ma lei non ha comunque intenzione di sposarlo.

Se vuoi dire: "non ho più intenzione di..." devi usare la forma negativa di *going to* e mettere **ANYMORE** alla fine della frase:

She is not going to marry him anymore.
Non ha più intenzione di sposarlo.

Importante! Tecnicamente *I am going to go* (ho intenzione di andare) sarebbe corretto, ma è un po' brutto, quindi in questo caso si preferisce dire semplicemente *I am going to*.

• Significa "stare per" e si usa quando vuoi dire o è evidente che sta per succedere qualcosa.

She has just seen a beetle... she's going to faint.
Ha appena visto uno scarafaggio... sta per svenire.

In questo caso, con lo stesso significato, si può usare anche **ABOUT TO**.

That girl is about to faint.
Quella ragazza sta per svenire.

ESERCIZIO 18

Lo sapevo, la scimmia ubriaca non ha accettato questa assurdità. Traduci quello che mi ha detto usando, dove serve, *to be going to*.

to take something out of something (togliere qlcs da qlcs); **to make sense** (avere senso); **nonsense** (assurdità)

John, ascoltami, sto per dirti una cosa molto importante: sto per togliere le mie banane da questa valigia e sto per tornare a casa! Non ho più intenzione di studiare inglese! *To be going to* non ha senso e non ho più intenzione di ascoltare queste assurdità. Ho intenzione di imparare una lingua più facile: il cinese!

....

....

....

....

....

....

....

2.5
SIMPLE FUTURE
WILL

Il *Simple Future* è facilmente riconoscibile grazie a un'altra *gold word*: **WILL**.

FORMA AFFERMATIVA

SOGG. + **WILL** / **'LL** + **VERBO**

Vediamo subito l'uso più comune: **decisione istantanea**.
Usi *will* nel momento in cui decidi di fare una cosa e lo fai volontariamente. Supponiamo che un amico ti dica che questa sera andrà al cinema:

Tonight I'm going to the cinema.
Stasera vado al cinema.
I'll come with you!
Vengo con te! (Hai deciso sul momento di andare con lui.)

... se si tratta di un film francese però, probabilmente risponderai così:

I'll give it a miss!
Evito!

Will si utilizza inoltre:

• Per fare **previsioni** su fatti che pensi accadranno in futuro, quando immagini o prevedi che le cose andranno in un certo modo.

England will win the next World Cup.
L'Inghilterra vincerà i prossimi Mondiali.

• Per **ordinare** al ristorante, al pub e così via.

I'll have fish & chips and a beer!
Prendo fish & chips e una birra!

• La forma contratta di *will ('ll)*, che generalmente si preferisce a quella estesa, è usata sia per velocizzare, sia per sdrammatizzare il ritmo e la frase.

Will nella forma estesa ha un tono solenne e indica una promessa, un impegno importante.

I will love you till the end of time!
Ti amerò fino alla morte!

FORMA NEGATIVA

SOGG. + WILL + NOT + VERBO

Will + not si può contrarre e si ottiene **WON'T**.

She won't call me.
(Prevedo che) Non mi chiamerà.

FORMA INTERROGATIVA

WILL + SOGG. + VERBO + ?

Nelle domande, *will* è comunemente usato anche come forma di cortesia, per chiedere un favore, lasciando all'altro la possibilità di scelta.

Will you pass me the salt, please?
Mi passi/passeresti il sale, per favore?

Se ricordi, *will* si usa anche nelle *question tags*, quando vuoi smorzare il tono di un imperativo.

Stop eating like a pig, will you?
Smettila di mangiare come un maiale, ti dispiace?

E la *short answer* sarà: **No, I won't!**

Per finire, rispondo a una domanda che sento spesso fare: si può usare **SHALL** al posto di *will* quando si esprime un'azione futura? In teoria con *I* e *we* si può usare anche *shall*, nel senso che grammaticalmente non è sbagliato... ma in pratica ormai non lo usa più nessuno!

ESERCIZIO 19

La vita di coppia non è sempre rose e fiori. La moglie di un mio amico, ad esempio, si lamenta spesso che lui la trascura (e, dato che lui è sempre al pub con me, forse non ha tutti i torti). Traduci la loro conversazione, stando attento ai vari usi di *will*.

the rest of your life (il resto della tua vita); **to get ready** (prepararsi); **really?** (davvero?); **later** (dopo/più tardi); **here you go!** (ecco!/ecco quello che hai chiesto); **to want a divorce** (volere il divorzio)

FRIEND: Ehi cara, perché stai piangendo?
WIFE: Perché non parliamo più! Troverai una ragazza più giovane e trascorrerai il resto della tua vita con lei!
FRIEND: Che assurdità! Non troverò nessuno, perché non cercherò nessuno! Preparati, stasera ti porto al ristorante!
WIFE: Wow! Davvero? Sarò pronta in dieci minuti!

Quattro ore dopo, al ristorante...

WIFE: Che bel posto! Io prendo un'insalata e un succo di mela!
FRIEND: Io prendo un doppio cheeseburger e una birra!
WIFE: Mi passi l'olio, per favore?
FRIEND: Eccolo! Tu mi passi il giornale?
WIFE: Voglio il divorzio!

2.6
SIMPLE PAST

Il *Simple Past* ha **un** solo uso: esprimere un'azione **conclusa nel passato** che non ha alcun legame col presente! In una frase, espressioni temporali come *yesterday, two minutes ago, last year, in 1980*, ci aiutano a capire che siamo in presenza di questo tempo. Non è tuttavia importante specificare quando si è svolta l'azione, dato che comunque sei tu, nella tua testa, a collocarla in un punto preciso del passato.
Ha la stessa struttura del *Simple Present*, solo che nella forma affermativa il verbo si mette al passato e resta invariato per tutte le persone, mentre nell'interrogativa e nella negativa la *gold word do/does* diventa **DID**. *As simple as that!*

FORMA AFFERMATIVA

SOGG. + VERBO + COMPLEMENTO

Stai attento a questi esempi:

When I was a child, I played the piano.
Da piccolo suonavo il piano.
When I was ten, I played the piano at a concert.
A 10 anni, suonai il piano a un concerto.
Yesterday, I played the piano.
Ieri ho suonato il piano.

Come vedi, in italiano abbiamo usato tre tempi diversi: l'imperfetto, il passato remoto e il passato prossimo, ma il *Simple Past* li traduce tutti e tre, perché si tratta comunque di azioni concluse nel passato!

FORMA INTERROGATIVA

DID + SOGG. + VERBO + COMPLEMENTO + ?

Did you call her yesterday?
L'hai chiamata ieri?

FORMA NEGATIVA

SOGG. + DID + NOT + VERBO + COMPLEMENTO

I didn't sleep yesterday.
Ieri non ho dormito.

Anche per quanto riguarda *question tags* e *short answers*, funziona tutto come con *do/does*, solo che abbiamo *did*!

She did a wonderful job, didn't she?
Ha fatto un'ottimo lavoro, non trovi?
Yes, she did!
Sì!

Importante: quando racconti qualcosa in inglese, sii conciso! Ecco come ti racconterei io cosa ho fatto sabato sera: *I went out, had dinner, went to the cinema, then went home!*
Ora che abbiamo visto uso e forme, passiamo a parlare dei due tipi di verbi che troviamo con il *Simple Past*: regolari e irregolari.

2.7 VERBI REGOLARI

I verbi regolari sono i più semplici, perché per costruirli al passato basta aggiungere il suffisso **-ED** all'infinito.

Ovviamente non intendevo questo, ma questo: **to ask** (infinito) + **-ED** = **asked**

Esistono tre modi diversi di pronunciare *-ED* alla fine dei verbi regolari, "T", "D" o "ID": da qui il nome ***ToDoID***, l'ultimo vagone del treno dove puoi trovare l'elenco dei verbi regolari più importanti.

- Con i verbi regolari che finiscono per: **-P**, **-K**, **-S**, **-CH**, **-SH**, **-F**, **-X**, **-H**, *-ED* si pronuncia "T".
- Con i verbi regolari che finiscono per: **-L**, **-V**, **-N**, **-M**, **-R**, **-B**, **-G**, **-W**, **-Y**, **-Z** e per **vocali**, *-ED* si pronuncia "D".
- Con i verbi regolari che finiscono per **-T** e **-D**, *-ED* si pronuncia "ID".

2.8
VERBI IRREGOLARI

Come ti ho detto quando ti ho spiegato i simboli, i verbi irregolari purtroppo non hanno una logica precisa e per conoscerli devi impararli a memoria... sai dove trovare la lista!

2.9
SIMPLE PAST
TO BE

Per la struttura del verbo *to be* al passato, nelle sue varie forme, basta ricordare quella del presente, solo che al posto di *am/is/are* abbiamo: **WAS** per la prima e la terza persona singolari *(I, he, she, it)* e **WERE** per tutte le altre persone.
Anche per quanto riguarda le nostre care *question tags* e *short answers*, funziona tutto come al solito, solo che *to be* è al passato.

> **The play was boring, wasn't it?**
> La recita era noiosa, non trovi?

Yes, it was, and I was very hungry.
Sì e avevo molta fame.
You were also thirsty, weren't you?
Avevi anche sete, vero?
No, I wasn't.
No.

2.10 SIMPLE PAST
TO HAVE

Il passato del verbo *to have* è ancora più semplice del presente:

• *have/has* diventano **HAD** per tutte le persone;

• *do/does* diventano **DID** per tutte le persone (e anche qui la forma contratta esiste solo nelle negative);

• le forme con *got* non esistono!

When she was little, she had two rabbits.
Quando era piccola aveva due conigli.
What did you have for lunch yesterday?
Cosa hai mangiato a pranzo ieri?
I had two rabbits for lunch.
Ho mangiato due conigli a pranzo.
Didn't she also have a dog?
Non aveva anche un cane?
No, she didn't.
No.

2.11
PAST CONTINUOUS

Il *Past Continuous* ha la stessa struttura del *Present Continuous*; l'unica cosa che cambia è che l'ausiliare *to be* è al passato!
Il *Past Continuous* è generalmente usato per descrivere un'**azione prolungata nel passato che è stata interrotta da un'altra azione**. L'azione prolungata è espressa al *Past Continuous*, quella che la interrompe è espressa al *Simple Past*. In questi casi, analogamente all'italiano, si usano le parole **WHEN** (quando) o **WHILE** (mentre).

While I was sleeping, I heard a scream.
Mentre stavo dormendo, ho sentito un urlo.
We were chatting, when my wife arrived.
Stavamo chiacchierando, quando è arrivata mia moglie.
She was jogging in the park, when it started raining.
Stava facendo jogging nel parco, quando è cominciato a piovere.

SCIMMIA: Ok, traduci questa: "Quando stavamo salendo sul treno, ho visto qualcuno andare già in Prima Classe".
JPS: Smettila, ti ho già detto che te lo sei sognato.

Il *Past Continuous* si usa anche per esprimere **azioni prolungate** che stavano accadendo **in un momento definito del passato**, senza venire necessariamente interrotte da qualcosa.

Yesterday, at 11:30 p.m., I was working on my project.
Ieri, alle 11:30 di sera, stavo lavorando al mio progetto.
This time last Friday I was flying to Bonn.
Venerdì scorso a quest'ora ero sull'aereo per Bonn.

ESERCIZIO 20

Traduci questa breve storia (assolutamente inventata) utilizzando, dove è necessario, il *Simple Past* o il *Past Continuous*.

to speed (guidare troppo veloce/superare i limiti di velocità); **traffic warden** (vigile); **to direct traffic** (dirigere il traffico); **to give a fine** (fare una multa); **clever** (furbo); **you know what?** (sai cosa?); **to let go** (lasciare andare)

Ti racconto cosa è successo ieri a un mio amico, che è un famoso scrittore. Era a Milano e stava guidando la sua bellissima automobile nera, ma stava andando troppo veloce. Un vigile, che stava dirigendo il traffico, l'ha fermato e stava per fargli una multa. Allora il mio amico, furbo, gli ha regalato uno dei suoi libri e una bottiglia di vino. Sai cosa? Il vigile ha accettato i regali e l'ha lasciato andare.

Attenzione! Abbiamo trovato una nuova *schizo word*: **FINE**
In inglese può significare tante cose.

Multa: **The police gave him a fine.** (La polizia gli ha fatto una multa.)
Bene: **Don't worry, I'm fine.** (Non preoccuparti, sto bene.)
Bello: **The weather is fine, today.** (Il tempo è bello, oggi.)
Elegante: **Birmingham is famous for its fine clothes.** (Birmingham è famosa per i suoi abiti eleganti.)

STORY 4

Traduciamo un altro po'!

to come up to someone (avvicinarsi a qualcuno); **bride** (sposa); **it depends** (dipende); **to stand** (essere/rimanere in piedi); **wedding dress** (abito da sposa); **to get** (capire); **groom** (sposo); **to make fun of someone** (prendere in giro qualcuno)

La scorsa domenica è accaduta una cosa terribile. Concy mi ha fatto andare con lei al matrimonio di Carmela, sua cugina, la donna più brutta del mondo (in effetti, le somiglia molto). Fuori dalla chiesetta, amici e parenti celebravano il grande evento. Mentre cercavo di scappare, l'anziana nonna di Concy si è avvicinata e mi ha chiesto: "Non è deliziosa la sposa?". "Be'... dipende" le ho detto. "Non capisco la tua risposta" ha detto lei. "Oh, scusi... DIPENDE!". È rimasta lì in piedi, confusa. Poi è arrivata Concy e ha detto: "Non pensate che quell'abito da sposa sia bellissimo?". "Sì, solo che non capisco perché lo stia indossando lo sposo" le ho detto. "John, smettila di prendere in giro mia cugina!" ha risposto Concy, infastidita. Ora ero io quello confuso.

Ehi, mi sono accorto che non abbiamo ancora aperto la tasca dello zaino dove avevamo messo dei mattoncini verdi molto particolari: i **VERBI MODALI**!
In *English da zero* ne avevamo incontrato qualcuno, adesso abbiamo bisogno di approfondirli.
I modali sono un gruppo ristretto di **ausiliari** che si accompagnano ad altri verbi per esprimere ciò che è possibile, permesso o necessario fare. Ti dico subito qualche regola fondamentale valida per tutti i verbi modali:

- restano invariati per tutte le persone (quindi niente *-s* alla terza persona singolare);
- il verbo che li segue è sempre alla forma base;
- non sono **mai** preceduti dal *to* dell'infinito;
- se sento ancora qualcuno dire *to can*, mollo tutto e torno in Inghilterra.

2.12
CAN/COULD/ WILL BE ABLE TO

- **Presente**: CAN
- **Passato**: COULD
- **Futuro**: WILL BE ABLE TO

Can ha tre significati fondamentali: "potere", "riuscire" e "sapere".
Vediamo alcuni esempi di frasi affermative, interrogative e negative al presente, passato e futuro.

La **FORMA AFFERMATIVA** si costruisce così:

SOGG. + MODALE + FORMA BASE + COMPLEMENTO

La forma contratta di *WILL* è *'LL*.

- Presente: **I can call her.** Posso chiamarla.
- Passato: **He could smoke.** Poteva fumare.
- Futuro: **We'll be able to fly.** Potremo volare.

Nella **FORMA INTERROGATIVA**, abbiamo l'inversione di soggetto e verbo:

MODALE + SOGG. + FORMA BASE + COMPLEMENTO + ?

Nell'interrogativa futura, il blocco *will be able* si apre e il soggetto si mette fra *will* e *be*.

- Presente: **Can I call her?** Posso chiamarla?
- Passato: **Could he smoke?** Poteva fumare?
- Futuro: **Will we be able to fly?** Potremo volare?

La **FORMA NEGATIVA** si forma così:

SOGG. + **MODALE** + **NOT** + **FORMA BASE** + **COMPLEMENTO**

Le forme contratte di *can not* sono **CANNOT** e **CAN'T**.
La forma contratta di *could not* è **COULDN'T**.
La forma contratta di *will not* è **WON'T**.

- Presente: **I cannot/can't call her.** Non posso chiamarla.
- Passato: **He couldn't smoke.** Non poteva fumare.
- Futuro: **We won't be able to fly.** Non potremo volare.

Come ti avevo detto all'inizio, anche con i modali puoi usare le *question tags* e le *short answers*:

You can play chess, can't you?
Sai giocare a scacchi, vero?
Yes, I can.
Sì.
I won't not be able to be there in time, will I?
Non riuscirò ad arrivare lì in tempo, vero?

Colgo l'occasione per spiegarti la differenza fra **IN TIME** e **ON TIME**, con i quali sento spesso fare confusione:

- **IN TIME** = in tempo

  We came back home in time for the match.
  Siamo tornati a casa in tempo per la partita.
  He missed his flight. He didn't get to the airport in time.
  Ha perso il volo. Non è arrivato in tempo in aeroporto.

- **ON TIME** = puntuale, in orario

  My girlfriend is never on time!
  La mia ragazza non è mai puntuale!
  The train arrived on time.
  Il treno è arrivato in orario.

Chiudiamo la parentesi e passiamo ai tre usi di *can*.

1 POTERE/AVERE IL PERMESSO

Can I have the last piece of cake?
Posso avere l'ultimo pezzo di torta?
No, you can't, but you can have a carrot.
No, ma puoi avere una carota.
When she was a child, she couldn't go on school trips.
Quando era piccola, non poteva andare alle gite scolastiche (non aveva il permesso).
Without an ID card, you won't be able to get in.
Senza un documento, non ti faranno entrare (non avrai il permesso, anche se dimostri 60 anni).

2 RIUSCIRE/ESSERE IN GRADO DI

We won't be able to get there before midnight.
Non riusciremo a essere lì prima di mezzanotte.
There's too much noise, I can't hear anything!
C'è troppo rumore, non riesco a sentire niente!
He couldn't keep his eyes off her.
Non riusciva a staccarle gli occhi di dosso.

3 SAPERE/AVERE LA CAPACITÀ DI

Can you touch your nose with your tongue?
Sai toccarti il naso con la lingua?
No, I can't, but I can touch my ears with it.
No, ma so toccarmi le orecchie.

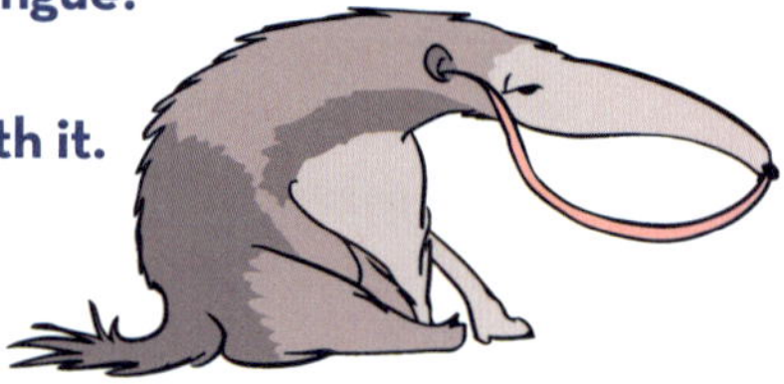

Puoi usare *can* anche per offerte e richieste:

Can I help you?

Posso aiutarti/aiutarla? (Ricordati che il "lei" in inglese non esiste!)

Can you give me a lift?

Puoi darmi un passaggio?

La forma negativa *can't* può invece essere usata per dedurre impossibilità ("non può essere"):

It can't be Steve, he's much taller than him.

Non può essere Steve, è molto più alto di lui.

It can't be my wife, it's too early!

Non può essere mia moglie, è troppo presto!

2.13 MUST v HAVE TO

In *English da zero* avevamo visto brevemente anche la differenza tra altri due verbi modali: **MUST** e **HAVE TO**. Entrambi si traducono con "dovere" e spesso sono intercambiabili, ma si utilizzano in maniera diversa.

• Con **MUST** è la persona che parla che percepisce un dovere, ad esempio un dovere morale, o impone un ordine:

I must study because I have an exam.

Devo studiare perché ho un esame.

The drunk monkey must stop being sarcastic.

La scimmia ubriaca deve smettere di essere sarcastica.

• **HAVE TO** si usa invece quando qualcosa viene imposta dall'esterno, oppure quando non ci sono alternative:

We have to pay the bills.

Dobbiamo pagare le bollette.

Nobody is here, we have to wait.

Non c'è nessuno, dobbiamo aspettare (non c'è altra soluzione).

Per fare deduzioni qui puoi usare *must* (che in questo senso ha il significato opposto di *can't*):

She's in Alaska, it must be freezing there!
È in Alaska, farà freddissimo lì!

ESERCIZIO 21

Traduci queste brevi conversazioni usando: *can, could, will be able to, must* o *have to*!

way (modo); **potty** (vasino); **to bark** (abbaiare)

A Nonno, non riesco ad aprire questa bottiglia, puoi aiutarmi?
B Certo che posso! Guarda, devi usare i denti, è l'unico modo... Ecco!
A Grazie nonno. Adesso puoi staccare i tuoi denti dalla bottiglia?

A Mio figlio di un anno sa fare molte cose: sa parlare, camminare e usare il vasino!
B Wow, devi essere molto orgogliosa di lui!
A Tuo figlio cosa sa fare?
B Io non ho figli, ma il mio cane sa fare molte cose: sa abbaiare, correre e usare gli alberi!

Richiudiamo per adesso la tasca dello zaino, ma teniamolo con noi perché ci servirà per i prossimi verbi. Prima di passare in Prima Classe, però, c'è ancora qualcosa che volevo controllare.

JPS: Does anyone want to have a guess? (Qualcuno vuole provare a indovinare?)
SCIMMIA: If I get it right (se indovino), will you give me a banana?
JPS: Very good, little monkey! We're going to talk about conditionals!
SCIMMIA: Wait a minute... Where's my banana?

Per parlarti dei **CONDIZIONALI**, dobbiamo prendere il portagioie che contiene le *gold words* e tirare fuori la parolina **IF**, che significa "se" e che ci servirà per tutti e quattro gli usi del condizionale.
Vediamo i tre di cui ti avevo accennato in *English da zero*, con qualche nuova regola. Il quarto più difficile lo affronteremo più avanti.

2.14
IF
POSSIBILITÀ REALE

Qui *if* riguarda la possibilità concreta che un evento si verifichi. Anche se non se ne ha la certezza, la probabilità che quel qualcosa avvenga è alta. La frase si divide in due parti (sempre separate da una virgola) e si costruisce così:

IF + **SIMPLE PRESENT** , **SIMPLE FUTURE**

If I get back home after midnight, my parents will get very angry.
Se arrivo a casa dopo mezzanotte, i miei genitori si arrabbieranno molto.
If he passes the driving test, his father will buy him a car.
Se passa l'esame di guida, suo padre gli comprerà una macchina.

Visto che conosco i miei polli, so che potresti confonderti traducendo letteralmente dall'italiano, quindi ti ricordo che *if* va **sempre** nella parte della frase con il *Simple Present*, **mai** in quella con il futuro: dire *if I will...* è sbagliatissimo!!!

Al posto di *if* possiamo incontrare anche parole come **UNLESS** (a meno che, se non) e **IN CASE** (in caso):

They won't be able to go to the party, unless they finish their homework.

Non potranno andare alla festa, a meno che non finiscano i compiti/se non finiscono i compiti.

I'll lock the drinks cabinet, in case your grandma comes to visit.

Chiuderò a chiave il mobile bar, nel caso tua nonna venga a farci visita.

2.15 IF IPOTESI PURA

In questo caso, la probabilità che si verifichi un evento è molto bassa, se non addirittura nulla.

IF + SIMPLE PAST , WOULD

(*Would* è il passato di *will*, è un modale e serve a formare il condizionale. Non temere, lo abbiamo nella tasca dello zaino e lo vediamo dopo!)

If she was my girlfriend, I would be very happy.

Se fosse la mia ragazza (ma neanche sa che esisto), sarei molto felice.

If you were Nino d'Angelo, how would you cope with your success?

Se tu fossi Nino d'Angelo, come affronteresti il tuo successo?

Come in italiano, la frase *if I were you* (se fossi in te), serve a dare consigli:

If I were you, I would dump that idiot.

Se fossi in te, mollerei quell'idiota (un po' informale, ma molto comune).

Anche qui, ti prego di non farmi venire gli incubi di notte: tieni a mente che *if* si trova **sempre** nella parte della frase con il *Simple Past* e **mai** nella parte della frase con *would*.

2.16
IF
ZERO

Questo *if* esprime fatti reali o verità assolute. In questo caso, al posto di *if* si può usare anche **WHEN**:

IF / WHEN + SIMPLE PRESENT , SIMPLE PRESENT

When water reaches 100°C, it boils.
Quando l'acqua raggiunge i 100°C, bolle.
If you have a shower, you get wet.
Se ti fai una doccia, ti bagni.

ESERCIZIO 22

Adesso prendi la matita e facciamo un po' di pratica con i condizionali...

1 Quando sono triste, non riesco a lavorare.

....

2 Se non fossi triste, riuscirei a finire questo esercizio.

....

3 Se non finisco questo esercizio, non potrò uscire con i miei amici.

....

4 Se non esco con i miei amici, non potrò vedere Lisa.

....

5 Se lei fosse la mia ragazza, sarei molto contento.

....

6 Se io...

....

7 ... Se io fossi in te, la smetterei subito.

....

2.17
GET
CAMBIO DI STATO

TO GET fa parte della cosiddetta *Anglo-Saxon family* (un insieme di verbi inglesi fondamentali, che vedremo più avanti) e lo troviamo davvero dappertutto! Fra un po' ti elencherò tutti i suoi mille significati (ovviamente sto scherzando), per adesso ti ricordo che *get* indica principalmente un cambio di stato, che può riguardare una persona o una cosa. Vediamo quanto cambi di stato ci sono nella tua giornata.

IN THE MORNING

You get up = ti alzi (passi da giù a su)
You get dressed = ti vesti (passi da nudo a vestito... spero)
It gets late = si fa tardi (passa dall'essere presto all'essere tardi)
Devi uscire col cornetto in bocca.

AT WORK

You get tired = ti stanchi (passi dall'essere carico al non poterne più)
You get bored = ti annoi (passi dall'essere concentrato... al non poterne più)
It gets dark = si fa buio (passa dall'essere giorno al diventare notte)

IN THE EVENING

You get sleepy = ti viene sonno

Ci sono poi i casi in cui sei tu a cambiare lo stato di qualcuno o qualcosa:

Don't get it dirty.
Non sporcarlo (non farlo diventare da pulito a sporco).
Get your feet off the sofa!
Metti giù i piedi dal divano! (falli andare da sopra al divano a giù/via).

ESERCIZIO 23

Siamo arrivati all'ultimo esercizio del ripasso: traduci queste frasi usando *get* cambio di stato.

1 La mattina mi preparo per andare al lavoro.

2 Il nostro criceto sta diventando sempre più grasso.

3 Si sta facendo tardi. Torniamo a casa, che dici?

4 Gli esercizi stanno diventando sempre più difficili.

5 Devo prepararmi per il test!

JPS: Ci siamo: abbiamo finito di approfondire anche i tempi verbali!

CAPOTRENO: Molto bene. Adesso, per poter passare in Prima Classe, dovrete fare un altro test, sui verbi. Quando avrete finito, potrete venire a controllare il vostro punteggio nella mia cabina. Mi raccomando: mettetecela tutta e anche qui... **NO CHEATING!**

SECOND CLASS TEST

1 Lei ha una sorella timida?

- **A** Has she a shy sister?
- **B** Does she has a shy sister?
- **C** Does she have a shy sister?

2 Lui lavora come barista.

- **A** He works as a barman.
- **B** He work as a barman.
- **C** He works like a barman.

3 Mia zia fa torte squisite.

- **A** My aunt does delicious cakes.
- **B** My aunt makes delicious cakes.
- **C** My aunt make delicious cakes.

4 Sto facendo il bucato.

- **A** I'm making the washing.
- **B** I make the washing.
- **C** I'm doing the washing.

5 Domenica non vai alla festa, vero?

A You don't go to the party on Sunday, do you?

B You're not going to the party on Sunday, are you?

C You're not going to the party on Sunday, do you?

6 Non ho intenzione di ascoltare le tue bugie!

A I don't have the intention to listen to your lies!

B I'm not having the intention to listen to your lies!

C I'm not going to listen to your lies!

7 "Queste borse sono troppo pesanti!" – "Le porto io!"

A "These bags are too heavy!" – "I'll carry them!"

B "These bags are so heavy!" – "I carry them!"

C "These bags are too much heavy!" – "I'll carry them!"

8 Ieri sono tornato a casa e ho telefonato al mio amico cinese.

A Yesterday I went back home and I called my Chinese friend.

B Yesterday I've gone back home and I've called my Chinese friend.

C Yesterday I went back home and I've called my Chinese friend.

9 Lei è andata a scuola con te venerdì scorso?

A Did she went to school with you last Friday?

B Did she go to school with you last Friday?

C Has she gone to school with you last Friday?

10 Stavo dormendo, quando ho sentito il mio cane abbaiare.

A I was sleeping, when I heard my dog bark.

B I slept, when I heard my dog bark.

C I am sleeping, when I heard my dog bark.

11 Nonna, posso avere delle caramelle?

A Grandma, I can have some sweets?

B Grandma, can I have some sweets?

C Grandma, will I be able to have some sweets?

12 No, non puoi lavare il pappagallo, devi finire i compiti!
A No, you cannot wash the parrot, you have to finish your homeworks!
B No, you cannot wash the parrot, you have to finish your homework!
C No, you cannot wash the parrot, you must finish your homework!

13 Se i neonati hanno fame, piangono.
A If babies are hungry, they cry.
B If babies are hungry, they'll cry.
C If babies will be hungry, they'll cry.

14 Se lei andrà alla festa con Marco, Luca si arrabbierà molto.
A If she goes to the party with Marco, Luca will get very angry.
B If she'll go to the party with Marco, Luca will get very angry.
C If she goes to the party with Marco, Luca gets very angry.

15 Se lui avesse una capra, berrebbe latte di capra.
A If he had a goat, he will drink goat milk.
B If he had a goat, he would drink goat milk.
C If he did have a goat, he would drink goat milk.

CALCOLO PUNTEGGIO

DA O A 55 PUNTI

Vai in Terza Classe con polli e galline.

DA 6 A 10 PUNTI

Resta un po' in Seconda Classe e ricontrolla bene le cose che ti sono sfuggite.

DA 11 A 15 PUNTI

Puoi passare in Prima Classe!

3

First Class

JPS: Congratulazioni, sei riuscito a passare in Prima Classe! Mettiti comodo, perché ci saranno tantissime cose nuove da imparare. E mi raccomando: from now on, please try to speak English as much as possible.

SCIMMIA: Why?

JPS: Because people have bought this book to learn English and, in order to do that, they need to practise as much as possible!

SCIMMIA: Why?

JPS: What do you mean WHY? Because they WANT to and they NEED to! And, by the way, have you noticed that you are talking to me in English, now? Strange, huh?

SCIMMIA: You think I am strange? Which one of us is talking to a monkey?!

JPS: Whatever... Ladies and gentlemen, if you want to start practising your English, you can talk to the person **beside** or **opposite** you.

SCIMMIA: What is he talking about?! There is nobody in this train, yet!

PASSENGER: There's nobody **on** this train... Avete già fatto *on*, *in* e *at*, scimmia ubriaca (altrimenti il capotreno non vi avrebbe fatti salire a bordo), quindi non puoi più sbagliarli! And it's not true, anyway, because I'm here... and I'm here **for** you.

SCIMMIA: You see, John?! I told you somebody was already here! Why didn't you believe me?!

JPS: Let me think... Number one: you're a monkey. Number two: you're always drunk.

SCIMMIA: This is not true... Anyway. Who is this man?

PASSENGER: My name is Vince, but everybody calls me Since, because...

SCIMMIA: I'm not sure anyone wants to know... But why are you here for us?

SINCE: I was **at** the station, earlier. While I was waiting **for** the train to arrive, I went **into** the big bookshop **next to** the Frog Shop, the one **with** the massive plastic frog **at** the entrance. I was **inside** the bookshop, walking **down** the aisles, looking **at** some books **on** the shelves. **Among** the books, there was one **with** a weird cover, **by** J.P. Moan, which looked very dull. **On** the cover, there was a picture **of** a pigeon flying **through** the clouds. **Under** the pigeon, there was a donkey walking **over** a bridge. **On** the donkey there was a beaver, that was about to jump **off** its back into a river...

SCIMMIA: Basta! Tutto questo è davvero interessante, ma se me lo spieghi in italiano, magari capisco qualcosa in più.

SINCE: Ci stavo arrivando: mentre guardavo la copertina di quel libro, ho alzato lo sguardo e mi sono accorto di un tizio che andava in giro per la stazione con una scimmia. La cosa mi ha incuriosito più della copertina con il piccione, l'asino e il castoro, perciò ho deciso di seguirvi. Arrivati alla rana col cappello rosa, ho visto che invece di girare a sinistra, *left*, siete andati a destra, *right*...

SCIMMIA: Ecco, lo sapevo che ci eravamo persi lì. Vabbè, sei un pedinatore... cosa vuoi da noi?

SINCE: Con il permesso di John, vorrei insegnarvi io le preposizioni e come usarle per chiedere e dare informazioni. Sapete, vengo da un paese che si chiama...

SCIMMIA: Dai, spara le *prepositions*... poi ci racconti da dove vieni.

SINCE: So che alcune le avete già in valigia, quindi non le ripeterò. Vediamone altre fondamentali, fra cui quelle che vengono spesso confuse fra loro.

3.1
PREPOSIZIONI

ACROSS

dall'altra parte di/attraverso

Si usa quando si va da una parte all'altra di una superficie più o meno piatta, senza entrare e uscire da niente *(a road, a field, a room).*

I'm walking across the room.

Sto attraversando la stanza.

OVER

oltre/sopra/attraverso

Quando si scavalca qualcosa o la si attraversa, immaginando di formare un arco che sale e scende *(a wall, a mountain, a bridge).*

The horse is jumping over the hedge.

Il cavallo sta saltando oltre la siepe.

THROUGH

attraverso

Quando si passa dentro qualcosa, entrando da una parte e uscendo dall'altra *(a tunnel, a wood, a crowd).*

The train is going through the tunnel.

Il treno sta attraversando la galleria.

ABOVE

sopra, al di sopra

Quando qualcosa è sopra a un'altra senza contatto.

The picture is above your head.

Il quadro è sopra la tua testa.

UNDER

sotto

Quando qualcosa si trova direttamente sotto o è coperta da qualcos'altro (*under the table, under the blanket*).

The dog was sleeping under the carpet.

Il cane stava dormendo sotto il tappeto.

BELOW

al di sotto/sottostante

Quando qualcosa non si trova direttamente sotto qualcos'altro.

From the top of the mountain, we could see the valley below.

Dalla cima della montagna si vedeva la valle sottostante.

ALONG

lungo

Quando il movimento segue una linea continua, spesso associato a cose che hanno una forma lunga e stretta (*a corridor, a river, a coast*).

We are strolling along the river.

Stiamo passeggiando lungo il fiume.

AROUND

attorno/intorno

Is there a restaurant around here?

C'è un ristorante qui intorno?

IN FRONT OF

davanti a

There were a lot of people in front of us in the queue.

C'erano molte persone in fila davanti a noi.

OPPOSITE

di fronte a/dirimpetto

He was sitting opposite me.

Era seduto di fronte a me.

BETWEEN

fra (due)

I'm sitting between Paul and Carol.

Sono seduto fra Paul e Carol.

AMONG

fra (più di due)

I found this old photo among the others.

Ho trovato questa vecchia foto fra le altre.

OUTSIDE

fuori/all'esterno

It's raining outside.

Fuori piove.

INSIDE

dentro/all'interno

Come inside!

Vieni dentro!

OUT OF

fuori da

Don't leave the milk out of the fridge.

Non lasciare il latte fuori dal frigo.

FAR FROM

lontano da

The church is not far from here.

La chiesa non è lontana da qui.

CLOSE TO / **NEAR** / **BY**

vicino a

The school is close to/near/by the park.

La scuola è vicina al parco.

BESIDE / **NEXT TO**

accanto a

My wife is sleeping beside/next to me.

Mia moglie (almeno credo) sta dormendo accanto a me.

FOR

per

Keep walking for about 100 metres.

Continua a camminare per circa 100 metri.

BEFORE

prima

AFTER

dopo

TOWARDS

verso

AWAY FROM

via da

BEHIND

dietr...

SCKREEECH!!!

3.2
PREPOLANDIA

JPS: Ladies and gentlemen, I do apologise for the unscheduled stop, but some nutter has put direction signs in the middle of the tracks... no... wait.... there are signs everywhere... Ho capito: siamo arrivati a PREPOLANDIA! A questo punto, l'*Express* non può proseguire senza che prima abbiate imparato le nuove preposizioni. Tra l'altro, il treno ha deragliato e si è danneggiata una ruota. Dobbiamo sostituirla.

SINCE: Benvenuti a Prepolandia, ecco da dove vengo! Posso accompagnarvi io a prendere la ruota!

JPS: Ok, let's go! Questa parte è fondamentale: facciamo un giro fra le preposizioni, poi ripartiremo subito!

SCIMMIA: Io sono già carica e voglio restare sul treno a mangiare banane, che posso fare?

JPS: Puoi guardarti il video su *prepositions and directions*, noi andiamo!

Innanzitutto, a parte le preposizioni che già conosci, per dare indicazioni devi imparare alcuni vocaboli base...

- **RIGHT** = destra
- **LEFT** = sinistra
- **STRAIGHT ON** = dritto
- **BACK** = indietro

... e qualche verbo fondamentale:

- **TO GO (TO)** = andare
- **TO ARRIVE (AT)** = arrivare (formale)
- **TO GET (TO)** = arrivare (informale e più usato)
- **TO REACH** = raggiungere/arrivare a
- **TO TURN** = girare, svoltare
- **TO CROSS** = attraversare
- **TO GO PAST** = passare davanti a
- **TO TAKE** = occorrere/volerci
- **TO FIND** = trovare
- **TO BUY** = comprare

Inoltre, se sei in città, devi conoscere le parti essenziali che la costituiscono:

- **STREET** = via
- **ROAD** = strada
- **PAVEMENT** = marciapiede
- **BUS STOP** = fermata dell'autobus
- **TRAFFIC LIGHT** = semaforo
- **SQUARE** = piazza
- **CROSSROADS** = incrocio
- **ROUNDABOUT** = rotonda
- **BRIDGE** = ponte
- **TUNNEL** = galleria
- **PEDESTRIAN/ZEBRA CROSSING** = strisce pedonali

Vediamo poi semplici frasi usate per chiedere o dare informazioni:

EXCUSE ME... = Mi scusi...

WHERE CAN I...? = Dove posso...?

HOW CAN I GET TO...? = Come faccio ad arrivare a...?

HOW LONG DOES IT TAKE TO...? = Quanto ci vuole per...?

IT TAKES... MINUTES/HOURS = Ci vogliono... minuti/ore.

ARE YOU ON FOOT OR BY CAR? = Sei a piedi o in macchina?

WALK FOR ABOUT... = Cammina per circa...

KEEP WALKING = Continua a camminare.

YOU'LL SEE A... = Vedrai un...

UNTIL/TILL YOU SEE... = Finché non vedi...

UNTIL/TILL YOU GET TO/ARRIVE AT... = Finché non arrivi a...

OVER THERE = Laggiù.

AND YOU'RE THERE! = E sei arrivato!

THEN ASK SOMEONE = Poi chiedi a qualcuno.

Bene, adesso hai le informazioni sufficienti per potertela cavare al meglio. Ora facciamo una bella cosa: invece di accompagnarci, Since ci darà le indicazioni in italiano su dove andare a prendere la ruota, tu le traduci in inglese e poi ci avviamo. Are you ready?

ESERCIZIO 24

Vai dritto, finché non arrivi a quel palazzo rosso laggiù. Poi giri a destra al semaforo. Continua a camminare per cinque minuti e arriverai a un ponte blu. Attraversa il ponte. Alla fine, incontrerai un venditore ambulante *(street vendor)* che vende preposizioni. Comprane molte, ti serviranno. Di fronte a te vedrai un grande albero di mele. Dietro l'albero c'è una scatola gialla, prendila. Poi gira a sinistra e corri per circa dieci minuti. Ti fa bene alla salute. Quando passi davanti a un ufficio postale sulla tua destra, fermati. Non andare lì, a meno che tu non voglia trascorrerci il resto della tua vita. Accanto all'ufficio postale c'è un piccolo negozio. Dentro al negozio c'è una vecchia signora. Dalle la scatola gialla, ci terrà la sua dentiera *(dentures)*. Quando esci dal negozio, gira a destra e cammina fino alla fine della strada. Vedrai una rotonda con una capra al centro. Poi chiedi a lei.

JPS: Hey, Since, I have a reputation to maintain. Do we really have to ask a goat where to find the wheel?

SINCE: Of course not, I was joking. Here is your wheel, you can go back to the train!

JPS: Thank you, but please come with us, we'll need you later!

SINCE: Can I bring a friend? His name is For.

JPS: Sure, we'll need him too!

STORY 5

Prima di ripartire, vorrei raccontarti cosa mi è successo l'altro giorno a casa con Concy. Ancora devo capire perché si è arrabbiata. Traduci la nostra conversazione utilizzando le preposizioni corrette.

do it yourself (fallo da solo); **detergent** (detersivo); **cleaning cupboard** (armadietto dei detersivi); **one thing at a time** (una cosa alla volta); **washing machine** (lavatrice); **for goodness sake** (per l'amor del cielo); **wash cycle** (programma di lavaggio)

JOHN: Guarda cosa ho trovato ieri nella scatola sotto il letto, fra i miei vecchi vestiti: la mia maglietta preferita! Puoi aiutarmi a lavarla?

CONCY: No, fallo da solo!

JOHN: Va bene, ci provo... Dov'è il detersivo?

CONCY: Nell'armadietto dei detersivi.

JOHN: Abbiamo un armadietto dei detersivi?

CONCY: Sì. In corridoio, accanto alla camera da letto, di fronte alla cucina.

JOHN: Una cosa alla volta, per favore, sono un uomo. Vediamo... Ci sono tanti detersivi qui dentro. Qual è quello giusto?

CONCY: Quello blu, fra lo shampoo e il bagnoschiuma.

JOHN: Eccolo! Dov'è la lavatrice?

CONCY: È in balcone!

JOHN: Dov'è il balcone?

CONCY: Oh, per l'amor del cielo!

JOHN: Dài, stavo scherzando! Quale programma devo usare?

CONCY: Dipende, devi controllare le istruzioni di lavaggio.

JOHN: ...

CONCY: Non è difficile, John. Cosa dice la maglietta?

JOHN: "Birmingham City".

Back aboard the Express...

JPS: Ladies and gentlemen, welcome back aboard the *Express*. I have good news and bad news. The good news is that we now have a new wheel, the bad news is that we cannot find the drunk monkey anywhere.

> **NOTA EDITORIALE**
>
> Ci dispiace dover contraddire il nostro autore, ma a noi sembrano entrambe ottime notizie. Finalmente ci siamo sbarazzati della scimmia ubriaca.

CAPOTRENO: I'm sorry to disappoint the publishing house, but the monkey is still here. In fact, he's just in front of me, hiding in the luggage rack... Hey, Heinborg! What, in the name of Tarzan, are you doing here?

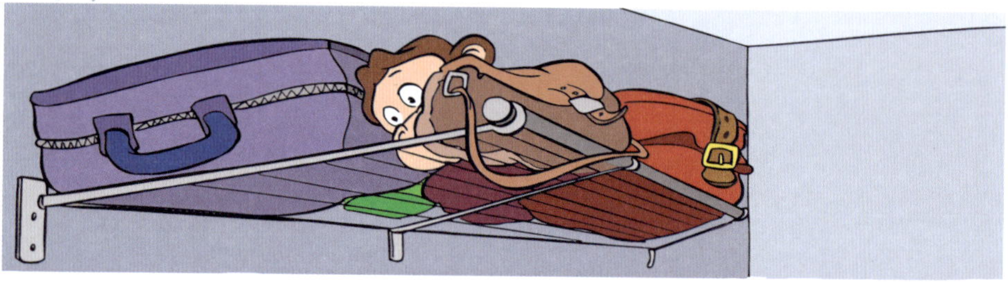

SCIMMIA: Shhh... She **has found** me! She **has been spying on me** *since* I left the jungle. I didn't know she **had seen** me leave. She **had been sleeping** *for* two hours when I ran away, so I thought...

JPS: Wait, wait, wait! Prima di tutto: LEI chi?! Seconda cosa: hai usato i tempi *perfect* che dobbiamo ancora fare. Come fai a conoscerli già?!

SCIMMIA: Mentre voi eravate occupati a portare in giro scatole per dentiere e a parlare con le capre, io mi sono visto anche il tuo video sui tempi *perfect*... e in quel momento è arrivata mia moglie!

NOTA EDITORIALE
Moglie?! Grandioso, adesso abbiamo due scimmie invece di una. Ci chiediamo seriamente perché i nostri legali non siano ancora intervenuti per sistemare la faccenda.

JPS: Allora, una cosa per volta. Adesso, in vista della prossima fermata, vi spiegherò i tempi *perfect*. Ringrazio Since e For per la loro preziosa collaborazione, la loro presenza ora è molto importante. Per quanto riguarda mogli varie, comprendo perfettamente la scimmia, perché anch'io sono scappato dalla mia.

3.3
PRESENT PERFECT

Eccoci arrivati ai tempi *perfect*, quelli che solitamente risultano più difficili da capire e usare. Il primo che vediamo è il **PRESENT PERFECT** che, non avendo una corrispondenza precisa in italiano, spesso può ingannare. Guardando la formazione del *Present Perfect*, infatti, potresti pensare che corrisponda sempre al passato prossimo in italiano, ma spesso non è così e ora ti spiego il perché.
Se in italiano dico: "mia moglie mi ha trovato", posso riferirmi sia a un fatto accaduto molto tempo fa e che non ha più nulla a che vedere col presente (usato quindi, in questo caso, al posto del passato remoto), sia a un fatto recente, che è importante adesso, nel presente. In inglese, invece, c'è una netta distinzione fra le azioni concluse nel passato e non rilevanti per il presente (per le quali abbiamo visto che si usa il *Simple Past*) e quelle che sono avvenute o cominciate nel passato, ma che hanno attinenza con il presente, per le quali si usa il *Present Perfect*. La frase "mia moglie mi ha trovato", quindi, nel primo caso si traduce: *my wife found me*, mentre nel secondo caso si traduce: *my wife has found me*.
Comunque, la mia ancora non mi ha trovato, mentre la sua sì.

FORMA AFFERMATIVA

SOGG. + HAVE / HAS + PAST PARTICIPLE + COMPLEMENTO

(ricorda che il participio passato è il terzo verbo nel paradigma dei verbi inglesi)

His wife has found him.
Sua moglie l'ha trovato.

FORMA NEGATIVA

SOGG. + HAVE / HAS + NOT + PAST PARTICIPLE + COMPLEMENTO

His wife hasn't found him.
Sua moglie non l'ha trovato.

FORMA INTERROGATIVA

HAVE / HAS + SOGG. + PAST PARTICIPLE + COMPLEMENTO + ?

Has his wife found him?
Sua moglie l'ha trovato?

FORMA INTERROGATIVA NEGATIVA

HAVE / HAS + NOT + SOGG. + PAST PARTICIPLE + COMPLEMENTO + ?

Hasn't his wife found him?
Sua moglie non l'ha trovato?

Per un cervello inglese è facile decidere automaticamente se una cosa accaduta nel passato è importante solo quando è successa, oppure se è più importante la conseguenza di quell'azione nel presente. Per un cervello italiano questa distinzione non è altrettanto scontata, perciò ti aiuto a comprenderla meglio con qualche utile trucchetto! Il *Present Perfect* si usa nei seguenti casi.

1 **Quando si racconta qualcosa senza specificare quando è avvenuto**, volendo sottolineare piuttosto la rilevanza che questo avvenimento ha nel presente:

I've lost my keys, so I cannot open the door.

Ho perso le chiavi, quindi non posso aprire la porta.

L'avere perso le chiavi (fatto avvenuto nel passato, non importa quando) non mi permette ora di entrare in casa.

2 **Quando si racconta qualcosa che è successo da poco** e si usa la parola **JUST** (appena):

He is not hungry, he has just eaten.

Non ha fame, ha appena mangiato.

3 **Quando si parla di esperienze personali** usando **EVER** o **NEVER** (mai).

- **EVER** si usa nelle frasi interrogative, quando si chiede a qualcuno se ha mai fatto qualcosa (Sei mai andato...? Hai mai visto...?).

Have you ever kissed a frog?

Hai mai baciato una rana?

• **NEVER** si usa nelle frasi negative: ricordati, per la regola della doppia negazione, che in inglese se c'è *never*, non c'è *not*!

We've never seen a dog fight.
Non abbiamo mai visto una lotta di cani.

4 Quando si parla di esperienze personali usando espressioni come: **THIS IS/ IT'S THE FIRST TIME...; IT'S THE SECOND TIME...** (è la prima volta che...; è la seconda volta che...).
Attenzione a non confonderti, perché in italiano frasi di questo genere si traducono solitamente con il presente.

This is the first time (that) she has said something sensible.
È la prima volta che dice qualcosa di sensato.

Come hai visto nell'esempio, **SENSIBLE** in inglese significa "sensato". Se vuoi dire "sensibile", invece, devi usare la parola **SENSITIVE**... E allora il "sensitivo" in inglese chi è?? È il **MEDIUM**!

The sensitive medium didn't say anything sensible.
Il sensibile sensitivo non ha detto nulla di sensato.

5 Quando nella frase si trovano ALREADY e YET.

• **YET** significa "ancora" quando è usato in frasi negative (quindi: "non ancora"), oppure può significare "già" quando è usato in frasi interrogative.
In entrambi i casi, *yet* si trova sempre alla fine della frase.

Don't talk to me now, the match hasn't finished yet!
Non parlarmi ora, la partita non è ancora finita!
Has she left yet?
È già uscita?

• **ALREADY** significa "già" e si usa in frasi affermative e interrogative.

She has already found another boyfriend.
Ha già trovato un altro ragazzo.
Has she already forgotten me?
Mi ha già dimenticato?
Yes, she has.
Sì.

6 Con espressioni di tempo come *today*, *this morning*, *this week*, *this month*, **se il periodo indicato non si è ancora concluso**:

I've worked hard today, I'm too tired to go out.
Ho lavorato tanto oggi, sono troppo stanco per uscire.
You haven't had a holiday yet, this year; you really deserve one.
Non sei ancora andato in vacanza quest'anno, te la meriti.

Lo so, sono diverse cose da ricordare, per questo, per imparare bene il *Present Perfect*, devi cercare di usarlo il più possibile!

JPS: In the meantime, I have the pleasure to announce that **we've just arrived** at *Present Perfect Station*.

CAPOTRENO: Ok... Why are there animals trying to board the train?!

JPS: Because, as **I've said** many times, anybody can learn English.

CAPOTRENO: This is the most ridiculous thing **I've ever heard** or seen, and I'm not going to...

COW: Can I get past, please?

CAPOTRENO: **Has** a cow **just asked** me to get out of the way?

KANGAROO: Hello there, **have we met** before?

CAPOTRENO: No, **we've never met** before... Will the hippo standing in the middle of the train doors please step on or off the train, so we can continue our journey?

HUSBAND: Hey, that's no way to talk to my wife!

CAPOTRENO: I'm totally mortified, sir...

WIFE: **I've got stuck** in the closing doors, will somebody help me?!

SCIMMIA: I'll help you, but only if you promise to leave some space for us on the train.

YOUNG COUPLE: **We've just started** to study the perfect tenses, can we board the *Express* too?

JPS: Of course you can. All aboard!

ESERCIZIO 25

Traduci queste frasi, che si riferiscono a ciò che hai appena letto, utilizzando il *Present Perfect*.

1 Il treno è appena arrivato alla stazione.

....

2 Hai mai visto animali salire a bordo di un treno?

....

3 Il capotreno non ha mai incontrato il canguro.

....

4 Perché il marito si è arrabbiato con il capotreno?

5 La moglie è già rimasta incastrata nelle porte molte volte.

6 La coppia giovane ha mai studiato i tempi perfect?

7 È la prima volta che la scimmia ubriaca aiuta qualcuno.

8 Sei partito per una nuova avventura.

Bene, ora che abbiamo altri passeggeri a bordo, direi che è l'occasione perfetta per mettere in pratica il tuo inglese e fare nuove amicizie! Prima, però, vorrei insegnarti anche il *Present Perfect Continuous*, così potrai capire e utilizzare anche quello.

3.4
PRESENT PERFECT CONTINUOUS

Il *Present Perfect Continuous* si usa quando si vuole sottolineare la durata di un'azione iniziata nel passato e che continua fino a questo momento *(up to now)*.

FORMA AFFERMATIVA

SOGG. + HAVE / HAS + BEEN + VERBO + ING

The little boy has been picking his nose for ten minutes.
Il bambino si sta mettendo le dita nel naso da dieci minuti./Sono 10 minuti che il bambino si mette le dita nel naso.

FORMA INTERROGATIVA

HAVE / HAS + SOGG. + BEEN + VERBO + ING + ?

Has the blonde girl been brushing her hair since we left?
La ragazza bionda si sta pettinando i capelli da quando siamo partiti?

FORMA NEGATIVA

SOGG. + HAVE / HAS + NOT + BEEN + VERBO + ING

I haven't been eating carbohydrates since last week.
Non mangio carboidrati dalla settimana scorsa.

Come hai notato, per esprimere da quanto tempo si sta facendo o si fa qualcosa, puoi scegliere fra i nostri due amici **FOR** o **SINCE**.

- **FOR** + numero di minuti/ore/giorni/anni ecc. si usa quando è espressa la durata dell'azione:

  We've been swimming for two hours.
  Stiamo nuotando da due ore./Sono due ore che nuotiamo.

- **SINCE** + data/ora/momento preciso: si usa quando è espresso il momento di inizio di un'azione:

  We've been swimming since 10 o'clock.
  Stiamo nuotando dalle 10./È dalle 10 che nuotiamo.

In questi casi, la frase interrogativa è sempre introdotta da **HOW LONG**:

How long have you been swimming?
Da quanto state nuotando?/Da quant'è che nuotate?

Attenzione! Adesso, però, devo dirti una cosa importante che ancora non sapevi! Non tutti i verbi possono essere utilizzati nei tempi *continuous*. Sto parlando dei cosiddetti *state verbs*, ovvero i verbi che esprimono uno stato di fatto e non un'azione dinamica. Ti faccio qualche esempio con i più comuni: *to like, to love, to be, to want, to know, to have*.
La buona notizia è che con questi verbi puoi tranquillamente usare il *Present Perfect*, con lo stesso identico significato del *Present Perfect Continuous*.

I've known her for twenty-eight years.
La conosco da 28 anni.
I've known her since we were six.
La conosco da quando avevamo 6 anni.

Un'ultima cosa: si può ricorrere al *Present Perfect Continuous* anche per azioni più generali, accompagnandolo con **LATELY** (ultimamente) o **RECENTLY** (recentemente).

I haven't been studying much, lately.
Non sto studiando/Non ho studiato molto ultimamente.
She hasn't been painting much, recently.
Non sta dipingendo/Non ha dipinto molto, recentemente.

Tutto chiaro? Allora adesso farai finta *(you'll pretend)* di essere un controllore *(a ticket collector)* e andrai in giro ad ascoltare i dialoghi fra i passeggeri. Fai attenzione ai tempi *perfect* utilizzati, perché, come puoi immaginare, poi ti farò esercitare un po'!

KANGAROO:	Hey, **you've been trying** to put your hoof *(zoccolo)* into my pouch *(marsupio)* since we left the station. Will you please stop it now?!
COW:	I have to make sure you've got a ticket. In case **you haven't noticed**, I'm a ticket collector.
KANGAROO:	No, you're not. In fact, you're a cow.
COW:	Am I, really? Since when?

KANGAROO: I believe **you've been** a cow since the day you were born.

COW: Wow, this is the first time someone **has told** me this... Anyway, have you got a ticket or not?

KANGAROO: I had one... but **I've** accidentally **swallowed** *(ingoiato)* it.

COW: **You've** *accidentally* **swallowed** a train ticket and I'm the mad one...

TICKET COLLECTOR: Tickets, please!

KANGAROO: As I was saying... **I've had** a minor incident, sir.

TICKET COLLECTOR: You **haven't lost** your ticket, have you?

KANGAROO: Not exactly... but **it's fallen** out of reach *(fuori portata/in un posto irraggiungibile).*

TICKET COLLECTOR: Out of reach? You mean under something?

KANGAROO: ... In a way...

TICKET COLLECTOR: **Have you tried** to reach it yet?

KANGAROO: No, **I haven't**, but believe me: I know it's impossible.

WIFE: My husband has very long arms, maybe he can have a try!

HUSBAND: **Have you gone** mad?! Or maybe **you haven't heard** where his ticket is.

WIFE: No, I haven't, actually, as **I've been chatting** with this lovely couple since we boarded the train.

YOUNG WOMAN: My boyfriend and **I have just got engaged** and we'll get married soon. Your wife said **you've been married** for many years!

HUSBAND: Too many, to be precise.

YOUNG MAN: **Hasn't** your love **grown** bigger since you got married?

HUSBAND: No, son, love **hasn't**. My wife **has**.

ESERCIZIO 26

Adesso prova a tradurre domande e risposte inerenti alla conversazione che hai appena letto. Stavolta, utilizza sia il *Present Perfect*, sia il *Present Perfect Continuous*.

1 Perché il canguro si è arrabbiato con la mucca?

....

• Perché la mucca ha cercato di infilare il suo (di lei) zoccolo nel suo (di lui) marsupio da quando sono partiti.

....

2 Dove ha messo il canguro il suo biglietto?

....

• Lo ha ingoiato accidentalmente.

....

3 Cosa ha fatto la moglie da quando è salita sul treno?

....

• Ha annoiato la giovane coppia.

....

4 Da quanto tempo sono fidanzati la giovane donna e il giovane uomo?

....

• Non sono fidanzati da tanto.

....

5 Da quanti anni è sposata la coppia anziana?

....

• È sposata da troppi anni.

....

6 La moglie è ingrassata dopo il matrimonio?

....

• Sì.

....

STORY 6

Ora ti racconto cosa mi è successo qualche notte fa e, come premio per essere arrivato fino a qui, ho deciso di farti un super regalo: stavolta non ti chiederò di tradurre la storia, ma semplicemente di rilassarti e leggerla! Fai comunque attenzione ai due tempi *perfect* imparati finora.

that's it! (basta!); **to go on** (andare avanti); **to turn on/off** (accedere/spegnere); **what's the matter?** (che succede?/qual è il problema?); **to snore** (russare); **to be used to something** (essere abituato a qualcosa); **else** (altro); **fault** (colpa); **to buzz** (ronzare)

CONCY: That's it! This torture has been going on for too long! John, will you please turn the light on?

JOHN: What's the matter? I haven't been snoring like a camel for hours, have I?

CONCY: No, you haven't. You've been eating biscuits non stop for nearly half an hour, but I'm used to it, so that's not the problem.

JOHN: So, what else have I done wrong?

CONCY: You haven't done anything else wrong. It's not your fault... this time. A mosquito has been buzzing in my ear and keeping me awake since we turned off the lights. You must kill it!

JOHN: Ok, dear. I will do it for you!

Some time later...

CONCY: John, you've been looking for that mosquito for more than an hour.. Where is it?!

JOHN: Wait, I've just found her!

CONCY: Her? How can you tell it's a female?

JOHN: She must be, she's on the phone!

JPS: Dear passengers, this is John speaking again. The train is now approaching *Past Perfect Station*. Please stay calm, there is absolutely no need to panic. No cause for alarm. Ai passeggeri che stanno cercando di forzare le porte, posso dire che il peggio è passato. Al canguro che sta cercando di saltare fuori dal finestrino, posso garantire che, se siete arrivati incolumi fino a qui, avete già solide basi per comprendere gli altri tempi *perfect*... Non mi credete? Ve lo dimostro subito!

3.5
PAST PERFECT

Il *Past Perfect* **descrive un'azione passata antecedente a un'altra azione, anch'essa avvenuta nel passato**, espressa al *Simple Past*. È, inoltre, anche il passato del *Present Perfect*. A te che sei italiano non creerà alcun problema, perché nella tua lingua hai un tempo corrispondente: il trapassato prossimo (avevo studiato, avevo dormito e così via). Segue le stesse regole spiegate per il *Present Perfect*, solo che il verbo *to have* è al passato.

FORMA AFFERMATIVA

SOGG. + HAD + PAST PARTICIPLE + COMPLEMENTO

When they brought me the bill, I realized I had forgotten my wallet.
Quando mi portarono il conto, mi resi conto che avevo dimenticato il portafoglio.

FORMA NEGATIVA

SOGG. + HAD + NOT + PAST PARTICIPLE + COMPLEMENTO

Before that evening, it had never happened to me.
Prima di quella sera, non mi era mai successo.

FORMA INTERROGATIVA

HAD + SOGG. + PAST PARTICIPLE + COMPLEMENTO + ?

Had you ever eaten snakes before going to India?
Avevi mai mangiato serpenti prima di andare in India?

ESERCIZIO 27

Per non farti annoiare, ti propongo un esercizio nuovo, aiutandoti un po': completa le frasi qui sotto con le parole che ti ho messo fra parentesi, coniugando il verbo al *Past Perfect*.

1 I spent all the money (I/earn)

....

2 They couldn't go to the party because (they/not/finish/their/homework)

....

3 She was very angry because (I/not/help/her)

....

4 When I got back home (she/already/have/dinner)

....

5 (We just/start/eat) when the phone rang

....

6 When they arrived at the cinema (the film/not/start/yet)

....

7 It was the first time (I/see/her/sister)

....

8 When he gave me the book, I told him (I/aready/read/it)

....

9 (have/he/ever/tell/her) he loved her?

....

10 She was sad because (her/boyfriend/not/call/her/yet)

....

Ora, come abbiamo fatto per il precedente tempo *perfect*, vediamo la costruzione e gli usi della forma continua del *Past Perfect*: il *Past Perfect Continuous*.

3.6 PAST PERFECT CONTINUOUS

Il *Past Perfect Continuous* si forma come il *Present Perfect Continuous* (di cui è il passato), solo che anche qui, come nel *Past Perfect*, abbiamo *had* al posto di *have/has*.

FORMA AFFERMATIVA

SOGG. + HAD + BEEN + VERBO + ING

She had been sleeping for hours.
Dormiva/Stava dormendo da ore.

FORMA INTERROGATIVA

HAD + SOGG. + BEEN + VERBO + ING + ?

Had she been sleeping for hours?
Dormiva/Stava dormendo da ore?

FORMA NEGATIVA

SOGG. + HAD + NOT + BEEN + VERBO + ING

She hadn't been sleeping for hours.
Non dormiva/Non stava dormendo da ore.

Ecco quando si usa.

• Per esprimere la durata di un'azione avvenuta nel passato e, come nel *Present Perfect Continuous*, anche qui possiamo trovare i nostri due amici **SINCE** e **FOR**:

You had been waiting for the bus for hours.
Aspettavi/Stavi aspettando l'autobus da ore.
I had been working since 10 o'clock.
Lavoravo/Stavo lavorando dalle 10.

• Per parlare di un'azione passata che è durata per un certo periodo fino a un punto preciso nel passato o che si è conclusa prima che accadesse qualcos'altro:

I had already been dating her for one month, when I met her husband.
La frequentavo già da un mese, quando conobbi suo marito.

Attenzione! Stai attento anche qui ai verbi che non reggono la forma continua, per i quali devi usare il *Past Perfect*.

I had known him for many years.
Lo conoscevo da tanti anni.
That car had belonged to me before he bought it.
Quella macchina era appartenuta a me prima che lui la comprasse.

ESERCIZIO 28

Adesso traduci queste frasi, usando il *Past Perfect Continuous*.

to iron (stirare); **sweaty** (sudato); **to attend** (frequentare); **to fail** (non superare un esame, un test ecc.); **to date** (uscire/frequentare, in senso romantico)

1 Lei stava parlando da ore.

....

2 Era molto stanca perché stava stirando dalle 8.

....

3 Ero sudato perché avevo fatto jogging al parco.

....

4 Frequentavo il corso da due mesi quando ti ho incontrato.

....

5 Quanto tempo l'avevi aspettata, prima che finalmente arrivasse?

....

6 Aveva piovuto per settimane.

....

7 Ci eravamo frequentati per 17 anni prima di sposarci.

....

JPS: Ladies and gentlemen, you're making enormous progress! As you can see, there's nothing to be scared about anymore. Nothing but the drunk monkey's wife, as her husband is still hiding behind the luggage... Hey, monkey, will you please tell us why you are so scared?

SCIMMIA: Ok, I'll tell you my story...

JPS: Aspetta, raccontala in italiano e il nostro lettore la tradurrà per noi!

STORY 7

Sei pronto? Mi raccomando: tieni presente che è una storia raccontata al passato, quindi troverai *Simple Past*, *Past Continuous*, *Past Perfect* e *Past Perfect Continuous*! Prima di cominciare, inoltre, ti consiglio di chiuderti in casa e controllare sotto il divano e dietro le tende...

looking for (in cerca di); **to lie down** (sdraiarsi); **instead of + verbo in -ING** (invece di...); **to take someone out for dinner** (portare qualcuno a cena fuori); **that's why** (ecco perché); **on the ground** (per terra); **as soon as** (appena); **to climb down** (scendere da); **terrifying** (terrificante); **unlike** (diverso da)

Era una calda notte d'estate nella giungla. Ero molto stanco, poiché avevo saltato da albero ad albero tutto il giorno, in cerca di foglie fresche sulle quali sdraiarmi. Mia moglie era molto arrabbiata con me, perché il giorno prima avevo dimenticato il nostro anniversario e, invece di portarla fuori a cena, ero uscito con i miei amici per guardare *Super Quark Live*. Ecco perché dovevo dormire per terra. Appena toccai il cuscino, chiusi gli occhi e, dopo qualche minuto, mi addormentai. Improvvisamente, sentii un rumore. Aprii gli occhi e vidi una cosa grande, nera e pelosa scendere da un albero. Qualcosa di terrificante, diversa da qualsiasi cosa io avessi mai visto. Non ero mai stato così spaventato in vita mia. La bestia si avvicinava sempre di più e, con uno sguardo da matta, disse: "Non puoi più uscire con i tuoi amici, lo sai! Sei un uomo sposato, adesso! Lo so che ti divertivi prima che ti sposassi... Ma quei giorni felici sono passati. Per sempre. Adesso devi trascorrere ogni singolo giorno con me, ogni minuto della tua inutile vita...".

JPS: *(crying)* Baastaaa! Stop it, please! This is the worst nightmare ever!

COW: Wait a minute: what kind of leaves were you sleeping on?

SCIMMIA: How is this relevant to the story?

COW: It's not. But **I hadn't said** anything for hours.

SCIMMIA: Right... Anyway. I woke up, all sweaty, and I decided to run away. End of the story.

MOGLIE DELLA SCIMMIA: What a beautiful story. So... you said I was terrifying...
SCIMMIA: Terrific, dear, I said you were terrific!!!

In inglese, come abbiamo visto, "terrificante" si dice **TERRIFYING**. **TERRIFIC**, invece, significa "stupendo".

Concy, you look terrific tonight!
Concy, stai benissimo stasera!
John, you look terrifying, as usual.
John, tu sei spaventoso, come sempre.

STOP

SCIMMIA: Important announcement: the monkey's wife doesn't have a valid train ticket, so she must get off the train, now!
CAPOTRENO: Nice try, but that's not what I was going to say. Durante la storia, ho notato che hai utilizzato un verbo irregolare che crea spesso confusione. Sto parlando di:

• **TO LIE/LAY/LAIN** (sdraiarsi), che è un verbo intransitivo e può essere seguito da un complemento introdotto da una preposizione.

To lie on the ground.
Sdraiarsi per terra.

Il passato di *lie* è *lay*... che è uguale all'infinito di un altro verbo irregolare.

• **TO LAY/LAID/LAID** (mettere, stendere), il quale però è transitivo e regge un complemento oggetto.

To lay a banket on the ground.
Stendere una coperta per terra.

Inoltre, c'è un altro verbo regolare che può essere confuso con questi due verbi:
• **TO LIE/LIED/LIED** (mentire)

She lied to me.
Mi ha mentito.

MOGLIE DELLA SCIMMIA:	Interessante, adesso possiamo tornare a dove eravamo rimasti?
CAPOTRENO:	Se prima mi dice correttamente il paradigma inglese del verbo "mentire", che ho appena spiegato.
MOGLIE DELLA SCIMMIA:	Facile: to lie... laid/laid.
CAPOTRENO:	Wrong. You must get off the train, now!
SCIMMIA:	Brilliant. Thank you!
CAPOTRENO:	You're welcome.

Torniamo a questo punto dove eravamo rimasti noi, ovvero ai tempi *perfect*. Vi chiedo di fare un ultimissimo sforzo, così li completiamo tutti. Mancano infatti solo i due tempi *perfect* del futuro.
By the time we get to the next station, **you'll have learned** all the perfect tenses, because **you'll have been using** them a lot (quando arriveremo alla prossima stazione, avrete imparato tutti i tempi *perfect*, perché li avrete utilizzati molto)!

3.7
FUTURE PERFECT

Il *Future Perfect* si usa per parlare di azioni che saranno completate o che immagini saranno successe entro un certo periodo nel futuro. Si trova spesso con espressioni di tempo come **BY** (entro/per) + determinato momento nel futuro: *by tonight, by next week, by the end of the month, by the time* e così via.

> **By the time we get there, she will have finished talking.**
> Ora che arriviamo, avrà finito di parlare.
> **In 2030, I will have learned Japanese.**
> Nel 2030, avrò imparato il giapponese.

La costruzione del *Future Perfect* è semplice: basta prendere quella del *Present Perfect* è aggiungere **WILL** fra il soggetto e **HAVE**.

FORMA AFFERMATIVA

SOGG. + WILL + HAVE + PAST PARTICIPLE + COMPLEMENTO

I will have stopped writing by the end of the month.
Avrò smesso di scrivere entro la fine del mese.

FORMA INTERROGATIVA

WILL + SOGG. + HAVE + PAST PARTICIPLE + COMPLEMENTO + ?

Will I have stopped writing by the end of the month?
Avrò smesso di scrivere entro la fine del mese?

FORMA NEGATIVA

SOGG. + WILL + NOT + HAVE + PAST PARTICIPLE + COMPLEMENTO

I will not have stopped writing by the end of the month.
Non avrò smesso di scrivere entro la fine del mese.

3.8
FUTURE CONTINUOUS

Prima di passare al *Future Perfect Continuous*, vorrei parlarti brevemente del *Future Continuous* (**soggetto + *will be* + verbo -ING**), che in *English da zero* non avevamo ancora visto. Per fartelo capire meglio, tiriamo fuori dal tuo zaino verde il *Present Continuous* legato al futuro che, come ben sai, indica un'azione programmata. Guarda questo esempio:

JOHN: **Tomorrow, at 10 o'clock, I'm going to the dentist.**
Domani alle 10 vado dal dentista.

CONCY: **Can I call you at 10:30?**
Posso chiamarti alle 10:30?

JOHN: **No, you can't, I will be crying.**
No, starò piangendo.

Quindi, mentre il *Present Continuous* legato al futuro si riferisce all'inizio di un'azione programmata (tomorrow, at 10 o'clock, I'm going to the dentist), il *Future Continuous* indica un momento specifico in cui un'azione nel futuro sarà già in corso (tomorrow, at 10:30, I will be crying).

3.9
FUTURE PERFECT CONTINUOUS

Quando invece vogliamo sottolineare non l'azione stessa, ma la durata che essa avrà avuto in un preciso momento nel futuro, usiamo il *Future Perfect Continuous*, che in italiano può tradursi con il presente o con il futuro anteriore.

FORMA AFFERMATIVA

SOGG. + WILL + HAVE + BEEN + VERBO + ING

In August, we will have been working together for three months.
Ad agosto saranno tre mesi che lavoriamo/avremo lavorato insieme.

FORMA NEGATIVA

SOGG. + WILL + NOT + HAVE + BEEN + VERBO + ING

In August, we won't have been working together for three months.
Ad agosto non saranno tre mesi che lavoriamo/avremo lavorato insieme.

FORMA INTERROGATIVA

WILL + SOGG. + HAVE + BEEN + VERBO + ING + ?

Will we have been working together for three months in August?
Ad agosto saranno tre mesi che lavoriamo/avremo lavorato insieme?

Attenzione! Ricordati che anche qui se c'è uno *state verb (to like, to love, to hate, to know, to be, to have...)* non puoi utilizzare il *Future Perfect Continuous*, ma dovrai usare il *Future Perfect*.

Next month I will have known her for 5 years.
Il mese prossimo saranno cinque anni che la conosco.

ESERCIZIO 29

Dài che ci sei quasi! Ti sei accorto dei passi da gigante che hai fatto rispetto all'inizio? Adesso ti chiedo di tradurre queste frasi utilizzando il *Future Perfect* o il *Future Perfect Continuous*; poi potrai riposarti un po', prometto!

1 Avrai fatto colazione per mezzogiorno?

2 Pensi che avrai finito di lavorare per le 20? C'è una festa da Carol stasera.

3 Sì, probabilmente per le 20 avrò finito, ma avrò lavorato 8 ore, quindi sarò molto stanco.

4 Il prossimo anno saranno dieci anni che provo a mollarla.

5 La settimana prossima sarà un mese che frequenta lezioni di zumba.

....

6 Domani sarà una settimana che proviamo a chiamarli.

....

JPS: Ladies and gentlemen, I've got two important announcements to make: we've finally finished the *perfect tenses* and I'm very proud of you! **If you hadn't been so good, it wouldn't have been possible** to be here now!

SCIMMIA: Ok... considerato che al momento giuro di essere sobrio, perché l'ultima frase mi è sembrato cinese?

JPS: Perché ho usato una costruzione che ancora non conoscete, quella dell'*IF passato*. Se ricordi bene, quando abbiamo controllato il bagaglio e ripassato i tre tipi di IF più semplici, ti avevo detto che ti avrei parlato di un altro IF, il più difficile, una volta saliti sul treno. Avevi prima bisogno di conoscere i tempi *perfect*. Ora che sei pronto, posso spiegartelo.

3.10
IF PASSATO

Innanzitutto, ricapitoliamo velocissimamente gli altri tipi di *if*:

1 IF POSSIBILITÀ REALE

If the big, brown and hairy monster sees the drunk monkey again, she will kill him.

Se il grande mostro marrone e peloso vede di nuovo la scimmia ubriaca, la ucciderà.

2 IF IPOTESI PURA

If the cow weren't mad, she wouldn't think she was a tap dancer.

Se la mucca non fosse matta (ma lo è), non penserebbe di essere una ballerina di tip tap.

3 IF ZERO

If you have fun, you learn quickly.

Se ti diverti, impari velocemente (dato di fatto).

L'**IF PASSATO** riguarda invece un'azione che non si è verificata o una possibilità ormai sfumata:

IF | HAD | (N'T) | PAST PARTICIPLE , WOULD | (N'T) | HAVE PAST PARTICIPLE

If I hadn't come to Italy, I would have never listened to Albano.

Se non fossi venuto in Italia, non avrei mai sentito Albano.

If I'd (I had) followed her directions, we'd (we would) have got lost in the woods.

Se avessi ascoltato le sue indicazioni, ci saremmo persi nel bosco.

If he had cared for her, he wouldn't have treated her like that.

Se le avesse voluto bene, non l'avrebbe trattata in quel modo.

Attenzione! Occhio a non usare **mai** *if* nella frase con *would!*

STORY 8

Ti succede mai di avere mille imprevisti che ti salvano... ehm... che ti impediscono di fare qualcosa di importante? A me sempre e, ovviamente, quando li racconto, nessuno mi crede. Soprattutto Concy. Traduci prima la storia, usando i tempi passati che conosci; poi usa *IF passato* per tradurre ciò che sarebbe successo se le cose fossero andate diversamente.
Come al solito, ti regalo qualche parola che potresti non conoscere.

to go off (suonare, riferito a sveglia); **to oversleep** (non svegliarsi in tempo); **to grab** (afferrare); **to break down** (rompersi/rimanere in panne); **taken** (occupato, riferito a taxi); **to sweat** (sudare); **to find out** (scoprire); **to walk out** (uscire); **to question** (interrogare); **none of this** (niente di tutto questo); **to enjoy** (godersi)

Venerdì scorso dovevo andare in Sicilia per trascorrere il weekend con Concy, che era già lì. Dovevo essere all'aeroporto entro le 10, ma la mia sveglia non ha suonato e non mi sono svegliato in tempo. Mi sono vestito, ho afferrato la valigia e sono corso fuori di casa. Quando sono arrivato all'aeroporto, mi sono accorto che avevo dimenticato il passaporto, quindi sono dovuto tornare a casa a prenderlo *(to get it)*. Poi ho chiamato un altro taxi per tornare all'aeroporto. Ero quasi lì, quando il taxi è rimasto in panne. Ho provato ad aspettarne un altro, ma erano tutti occupati, quindi ho dovuto correre per arrivare in tempo. Ero tutto sudato. Quando sono arrivato all'aeroporto, ho scoperto che avevo perso il volo. Ho dovuto pagare 200 euro per un altro biglietto, per il volo successivo. Mentre aspettavo, sono andato in libreria per comprare dei libri. Ero così preoccupato per il volo, che sono uscito dalla libreria senza pagare. La polizia mi ha interrogato per due ore e ho perso di nuovo l'aereo. Sono tornato a casa e ho deciso di trascorrere il weekend lì. Dopo tutto, ero molto felice.

ESERCIZIO 30

1 Se la sveglia avesse suonato, mi sarei svegliato in tempo.

2 Se non avessi dimenticato il passaporto, non sarei dovuto tornare a casa.

3 Se il taxi non fosse rimasto in panne, non avrei dovuto correre.

4 Se non avessi corso, non avrei sudato.

5 Se non avessi perso il volo, non avrei pagato 200 euro per un altro biglietto.

....

6 Se non fossi stato così preoccupato, non avrei dimenticato di pagare.

....

7 Se la polizia non mi avesse interrogato per due ore, non avrei perso di nuovo l'aereo.

....

8 Se non fosse accaduto niente di tutto questo, non mi sarei goduto il weekend!

....

JPS: Ladies and gentlemen, we are now approaching the next station. A very important family is waiting there to board the *Express*.

SCIMMIA: The Beckhams?

JPS: No. Sto parlando dell'Anglo-Saxon family: Get, Let, Set, Keep e Put!

SCIMMIA: ... Chi?!

JPS: La famiglia dei verbi più importanti della lingua inglese. Oltre a essere verbi normali, possono anche essere usati come verbi fraseologici, cioè insieme a una o più particelle (costituite da una preposizione o un avverbio), assumendo significati diversi a seconda delle particelle a cui vengono associati. In inglese li preferiamo di gran lunga ai verbi altisonanti che provengono dal latino e che quindi suonano più come i verbi in italiano. Se devi dire "permettere" e sei tentato di usare *to permit*, tieni presente che sembreresti Geoffrey Chaucer: *For this reason this noble wife Prudence permitted her husband to weep and cry...* Nessuno parla più così. Ma eccoci arrivati in stazione: facciamo salire la famiglia e lasciamo che si presenti da sola.

3.11 ANGLO-SAXON FAMILY

CAPOTRENO: Welcome aboard the *Express*! Please take your seats and try to ignore the drunk monkey and the mad cow.

COW: I must **get** off the train now, actually. Today's my first day as a milkshake taster and I'm already late!

YOUNG COUPLE: We're going, too. We have to **set** the date for our wedding and start planning it.

HUSBAND: Son, are sure this is what you want? You know, she'll start talking a lot soon and she'll **keep** doing it... forever.

WIFE: You're not funny. Anyway, we also have to go. We're married, which means that we must have many discussions, with yelling and crying. It's not nice to do it here. **Let**'s go home!

KANGAROO: Wait! I'll **put** my stuff into my pouch and I'll jump off the train, too.

JPS: Possono andare, mi sono accorto che conoscono già i vari membri della Anglo-Saxon family. Adesso, invece, chiederei a questi ultimi di presentarsi al nostro lettore e di spiegargli cosa fanno di solito.

GET

Io sono il papà, ovvero il capofamiglia. Avrai sicuramente sentito parlare di me spessissimo dagli inglesi e, se provi a cercarmi sul dizionario, troverai quarantasei pagine che ti spiegano chi sono. Siccome mi rendo conto che è impossibile ricordare tutto quello che mi riguarda, ora ti dico quali sono le mie funzioni più importanti.

• (+ TO): ARRIVARE/RAGGIUNGERE

In inglese, per dire "arrivare a", si usa solitamente **TO GET (TO)**, in quanto *to arrive at* suona un po' troppo formale.

> **I usually get to work at 9, just in time for my boss's lecture.**
> Solitamente arrivo in ufficio alle 9, giusto in tempo per la ramanzina del mio capo.
> **When I'm with my wife, we never get anywhere on time.**
> Quando sono con mia moglie, non arriviamo mai puntuali da nessuna parte.

• OTTENERE/RICEVERE

> **If I work hard, I'll get a promotion.**
> Se lavoro sodo, otterrò una promozione.
> **If I get a promotion, I'll get a kiss from my wife.**
> Se ottengo la promozione, riceverò un bacio da mia moglie.

• BECCARE (prendere/ricevere involontariamente)

> **The other day, my wife locked me out of the house. It was freezing outside and I got a cold.**
> L'altro giorno mia moglie mi ha chiuso fuori casa. Fuori si gelava e mi sono beccato un raffreddore.

The following day, I got a punch in the face while trying to separate my two children, who were fighting.

Il giorno successivo, mi sono beccato un pugno in faccia mentre cercavo di separare i miei due figli, che stavano litigando.

• CAPIRE

Risolvo subito il tuo dubbio: la differenza tra *to understand* e *to get* è che il primo è più formale e linguistico e il secondo è più informale e concettuale.

Most people can't understand the Scottish accent.

La maggior parte delle persone non riesce a capire l'accento scozzese.

The others, don't get why Scottish men wear skirts.

Le rimanenti non capiscono perché gli uomini scozzesi indossino le gonne.

JPS: Come se non bastasse, la storia delle mutande sotto il kilt è vera. Ma cambiamo discorso. Come ti accennavo prima, i verbi della famiglia anglosassone, così come tanti altri loro amici che conosceremo dopo, possono essere seguiti da una preposizione o da un avverbio e cambiare completamente significato. In questo modo, diventano *phrasal verbs*. Questo potrebbe spaventarti ulteriormente, ma non temere: per adesso ti aiuteremo a ricordare solo i più importanti. Anzi, sai cosa possiamo fare? Tirare fuori le preposizioni che avevi comprato dal venditore ambulante di Prepolandia! Ecco, vediamo ad esempio cosa succede se diamo a *GET* la preposizione *ON*.

GET: Mi piace! Con *ON*, infatti, vado molto d'accordo.

- **TO GET ON (WITH)** (andare d'accordo)

I get on with my friends.

Vado d'accordo con i miei amici.

JPS: E se ti diamo *ACROSS*, invece, cosa fai?

GET: In quel caso, cercherò di farmi capire da qualcuno.

- **TO GET ACROSS (TO)** (farsi capire)

I'm trying to get across to my dog how to I feel, but he looks puzzled.

Sto cercando di farmi capire dal mio cane come mi sento, ma sembra perplesso.

I don't think I got my point across.

Penso di non essermi fatto capire.

JPS: Divertente! E se invece ti diamo un avverbio... ad esempio *AWAY*?

GET: Potrò finalmente scappare via!

- **TO GET AWAY**(scappare)

People use me all the time. Sometimes, I'd really like to get away from the English language!

La gente mi usa in continuazione. A volte, vorrei davvero scappare dalla lingua inglese!

GET: Se poi aggiungi anche la preposizione *WITH*, cambio ulteriormente significato.

- **TO GET AWAY WITH** (passarla liscia)

Yesterday I forgot our anniversary, again. This time, I'm sure I won't get away with it.

Ieri ho dimenticato di nuovo il nostro anniversario. Stavolta, sono sicuro che non la passerò liscia.

JPS: Come ti capisco... Comunque, ti prego di non scappare, come faremmo noi inglesi senza il nostro *Get*?!

SCIMMIA: Potreste sostituirlo con un'altra parola a caso... che ne so... "*monkey*".

JPS: Meglio proseguire con le presentazioni.

LET

Io sono mamma e moglie e, come tutte le mamme e le mogli, devo continuamente decidere quando essere permissiva e quando non.

- **PERMETTERE/LASCIARE CHE**

  If my children finish their homework, I'll let them watch tv.
  Se i miei figli finiscono i compiti, permetterò loro di guardare la tv.
  When my husband doesn't brush his teeth, I don't let him kiss me.
  Quando mio marito non si lava i denti, non gli permetto di baciarmi.

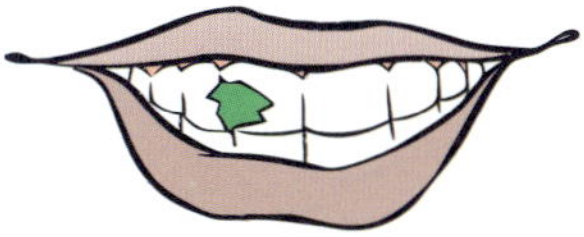

- **FAMMI/FACCI**

  Let me see what I can cook for dinner tonight.
  Fammi vedere cosa posso cucinare stasera per cena.

Puoi trovarmi anche nella forma imperativa:

Let's go to England, this summer!
Andiamo in Inghilterra quest'estate!

JPS: Ora vediamo cosa fa *Let* se le diamo due preposizioni, per esempio *DOWN* e *OFF*.

- **TO LET DOWN** (deludere, non mantenere una promessa)

  I had promised my daughter to take her to the One Direction concert, but I let her down.
  Avevo promesso a mia figlia di accompagnarla al concerto dei One Direction, ma non ho mantenuto la promessa (a tutto c'è un limite).
  My husband always lets me down: he never remembers our anniversary!
  Mio marito mi delude sempre: non si ricorda mai il nostro anniversario!

- **TO LET OFF (THE HOOK)** (perdonare)

  I'll let him off if he buys me a new pair of shoes.

  Lo perdonerò se mi compra un nuovo paio di scarpe.

JPS: Mi ricorda molto qualcuno... ma andiamo avanti.

KEEP

Sono la figlia adolescente e mi piace fare quello che fanno molte mie coetanee.

- **TENERE**

  I keep a photo of Justin Bieber in my wallet, so I can kiss him whenever I want!

  Tengo una foto di Justin Bieber nel portafoglio, così posso baciarlo quando voglio!

  I also keep a diary, in which I write how much I love him!

  Tengo anche un diario, sul quale scrivo quanto lo amo!

- **MANTENERE**

  If I can keep my bedroom tidy, my mum will be very happy.

  Se riesco a mantenere in ordine la mia camera, mia mamma sarà molto contenta.

  When my little brother touches my things, I can't keep calm.

  Quando il mio fratellino tocca le mie cose, non riesco a mantenere la calma.

• INSISTERE/CONTINUARE A

In questo caso, dopo *keep* va messo il verbo in *-ING*.

> **If my mum answered me, I wouldn't keep asking her the same questions every day.**
> Se mia mamma mi rispondesse, non continuerei a farle ogni giorno le stesse domande.
> **I don't know why, but my dad keeps telling me that, when I turn 18, he'll send me to Polynesia.**
> Non so perché, ma mio papà continua a dirmi che, quando compio 18 anni, mi manderà in Polinesia.

JPS: Lo so io perché... Infatti la mia la manderò in Alaska, dove nessun uomo potrà spezzarle il cuore. *Keep*, ora fai vedere come cambi se ti do la preposizione *AROUND*.

• TO KEEP AROUND (avere a portata di mano)

> **I always keep my mobile around, in case Justin decides to call me.**
> Tengo sempre il cellulare a portata di mano, nel caso in cui Justin decida di chiamarmi.

JPS: Ok... chi si presenta adesso?

PUT

Io sono la piccola peste della famiglia, sono fiero di esserlo e ne combino di tutti i colori.

- **METTERE**

  I love to put live crickets under my grandma's sheets.
  Mi piace mettere grilli vivi sotto le lenzuola di mia nonna.

- **METTERE/INSERIRE/IMBUCARE**

  Every time I put the cat into the washing machine, my parents get angry.
  Ogni volta che metto il gatto nella lavatrice, i miei genitori si arrabbiano.
  The other day I put my grandpa's false teeth into my sister's glass. It was very funny.
  L'altro giorno ho messo la dentiera di mio nonno nel bicchiere di mia sorella. È stato molto buffo.

- **SOTTOPORRE**

  My family always put me under pressure.
  La mia famiglia mi mette sempre sotto pressione.

GET: What?!
LET: What?!
KEEP: What?!
JPS: Prima che scoppi una lite familiare, vediamo subito le preposizioni che ho dato (anzi, si è preso) *Put*.

- **TO PUT OFF (DOING SOMETHING)** (rimandare qualcosa)

  I had to put off doing my homework, because my hamster asked me to calculate how fast he could run.
  Ho dovuto rimandare i compiti, perché il mio criceto mi ha chiesto di calcolare quanto correva veloce.

- **TO BE PUT OUT** (essere irritato/di cattivo umore)

  I'm put out because my mum didn't let me paint the dog's tail.
  Sono di cattivo umore perché mia mamma non mi ha fatto verniciare la coda del cane.

- **TO PUT UP WITH** (sopportare)

  I always have to put up with my sister's screams when she sees One Direction.

  Devo sempre sopportare le urla di mia sorella quando vede gli One Direction.

JPS: Molto bene... però non riesco a vedere l'ultimo membro della famiglia: *Set*.

ANGLO-SAXON FAMILY: Non è potuto venire. Se la scimmia è d'accordo, potremmo momentaneamente adottarla, così potrà impersonarlo lei.

SCIMMIA: Va bene, ma vi costerà 21 banane.

ANGLO-SAXON FAMILY: Perché 21, che senso ha?

SCIMMIA: Avete ragione, 22. Ad ogni modo, io sono *Set* e questo è quello che faccio.

SET

- **IMPOSTARE/FISSARE**

  I always set the alarm for 5 a.m., so I can run away before my wife wakes up.

  Metto sempre la sveglia alle 5 di mattina, così posso scappare prima che mia moglie si svegli.

  We have to set the date for the launch of my latest book.

  Dobbiamo fissare la data per il lancio del mio ultimo libro.

JPS: Come no... e non vediamo l'ora di leggerlo. Nel frattempo, ho qui per te due preposizioni: *ASIDE* e *OFF*.

- **TO SET ASIDE** (mettere da parte)

  John is going to set aside some money to buy me a tree house.

  John ha intenzione di mettere da parte dei soldi per comprarmi una casa sull'albero.

- **TO SET OFF** (mettersi in cammino/partire)

  Once we reach our destination, I'll have to set off on another journey, as I'm too scared to go back home.

Una volta arrivati a destinazione, dovrò mettermi nuovamente in viaggio, dato che ho troppa paura di tornare a casa.

JPS: Adesso che hai conosciuto l'*Anglo-Saxon family*, ti sarai reso conto che è una famiglia normalissima e che non c'è alcun motivo di temerla!

ESERCIZIO 31

Prova tradurre una mattinata tipo di *Get*, *Let*, *Keep*, *Put* e *Set* (che poi è molto simile a una mattinata tipo di molte famiglie), facendo attenzione alle preposizioni che usi! Per aiutarti, a parte scriverti un po' di vocaboli utili, ti ho messo in neretto i verbi dell'*Anglo-Saxon family*!

in return (in cambio); **to be naughty** (fare i capricci); **to kiss good morning** (dare il bacio del buongiorno); **to push away** (respingere); **to bribe** (corrompere); **to rush** (precipitarsi); **to set the table** (apparecchiare); **to make it clear** (mettere in chiaro)

Durante la settimana, il papà **punta** la sveglia alle 7 di mattina. Quando suona, si sveglia e dà un abbraccio e un bacio a sua moglie, ma raramente **riceve** qualcosa in cambio. Poi cerca di **far alzare** i ragazzi e prepararli per la scuola. Appena **entra in** camera loro, la figlia si tira le coperte sul viso e **continua** a dormire, mentre il figlio **mette** la testa sotto il cuscino e comincia a fare i capricci. Quando è ora di andare a scuola, i bambini **sono** sempre **di malumore**. Poi, il papà cerca di dare loro il bacio del buongiorno, ma la figlia lo respinge e **insiste** nel dire che l'unico uomo che bacerà nella sua vita è Justin Bieber. **Tiene** anche una foto del suo idolo sotto il cuscino. Il figlio dice di non essere una femmina, quindi non vuole essere baciato da nessuno. Dice anche che non ha più intenzione di andare a scuola, perché **non sopporta** i suoi insegnanti. Lo **mettono sotto** stress, come la sua famiglia. Quando il papà prova a dire che la scuola è molto importante per il loro futuro, solitamente **si becca** un cuscino in faccia. Alla fine **capisce** che non **li farà** mai **alzare** dal letto a meno che non li corrompa, quindi promette di comprargli qualsiasi cosa vogliano. A quel punto, loro **si alzano** e **si vestono** in fretta e si precipitano in cucina, dove la mamma **ha apparecchiato** la tavola per la colazione. Lei mette subito in chiaro che **non permetterà** mai al loro papà di **mantenere** la sua promessa ma, se mangiano un po' di frutta, **permetterà** loro di avere un po' di cioccolata.

CONTINUA...

3.12
PHRASAL VERBS

JPS: Cari passeggeri, è arrivato finalmente il momento di affrontare i famosi (e mal sopportati) *phrasal verbs*, che fanno davvero la differenza quando si tratta di parlare il vero inglese! Come ho accennato prima, i *phrasal verbs* sono verbi seguiti da preposizioni e/o avverbi, che ne modificano in parte o del tutto il significato. Per esempio: sai che *to answer* significa "rispondere" e *for* significa "per", ma *to answer for* significa "prendersi la responsabilità di": *I don't want to answer for the drunk monkey's behaviour* (non voglio prendermi la responsabilità del comportamento della scimmia ubriaca). Come puoi notare, aggiungendo la preposizione, il significato originario del verbo è cambiato. Se cambiasse anche la scimmia, sarebbe perfetto.

SCIMMIA: I can change, John. I can become a phrasal verb, too, if I want! Look: I'll choose a random *(a caso)* preposition... let's say... *AROUND*!

JPS: Will you please stop monkeying around?! Damn... you're right!

(*To monkey around* significa "scherzare/giocare/trastullarsi/perdere tempo".)

Tornando a noi. Mi rendo conto che non è possibile memorizzare le centinaia di *phrasal verbs* della lingua inglese. Ti dico un segreto, però: nessuno si aspetta che tu lo faccia! Il mio consiglio è di impararne un po' alla volta, senza forzare la mano. Appena ne incontri uno nuovo, cerca di capirne subito il significato e di utilizzarlo il più possibile. Vedrai che in questo modo ti accorgerai presto di averne assimilati parecchi! Intanto, io ti aiuto insegnandoti i più importanti. Prima, però, devo dirti qualcosa di essenziale su di essi.

1 Quando un *phrasal verb* è seguito da un verbo, questo deve essere alla forma -*ING*:

Has Carmelo Zappulla given up singing?
Carmelo Zappulla ha smesso di cantare?

Ok, I'll give you 2 minutes to look him up *(cercarlo)* on the internet...

2 Quando un *phrasal verb* regge un complemento oggetto, generalmente questo può trovarsi fra il verbo e la preposizione/avverbio.

You can take off your raincoat, sir./You can take your raincoat off, sir.
Può togliersi l'impermeabile, signore.

3 Quando il complemento oggetto è rappresentato da un pronome, questo deve per forza trovarsi fra il verbo e la particella.

You can take it off, sir.
Può toglierselo, signore.

(**Non** si può dire: *you can take off it.*)

Molto bene, sei pronto? Allora fai un bel respiro e cominciamo a conoscere alcuni dei *phrasal verbs* più importanti!

- **TO ACCOUNT FOR** (spiegare/giustificare/rendere conto di)
  So, how does he account for the fact that nobody confirmed his alibi?
  Allora, come spiega il fatto che nessuno ha confermato il suo alibi?
- **TO BACK DOWN** (arrendersi/mollare/tirarsi indietro)
  It's no easy task, but I'll never back down!
  Non è un'impresa facile, ma non mi arrenderò mai!
- **TO BE UP TO SOMETHING** (combinare qualcosa [guaio/birichinata])
  Don't be fooled by that innocent look, I'm sure he's up to something.
  Non farti ingannare da quello sguardo innocente, sono sicuro che sta combinando qualcosa.

- **TO BUMP INTO** (andare a sbattere/imbattersi/incontrare per caso)

  Guess who I bumped into yesterday? My friend's cousin's dog!

  Indovina chi ho incontrato per caso ieri? Il cane del cugino del mio amico!

- **TO CALL OFF** (annullare/revocare)

  The match was called off due to poor weather.

  La partita è stata annullata a causa del cattivo tempo.

- **TO COME ACROSS** (trovare per caso)

  I came across a T-shirt that I hadn't worn for years.

  Ho trovato per caso una maglietta che non indossavo da anni.

- **TO COME UP WITH** (proporre/uscirsene con)

  He came up with a brilliant idea.

  Se ne uscì con un'idea fantastica.

- **TO FALL OUT** (litigare)

  We've fallen out and we're no longer talking to each other.

  Abbiamo litigato e non ci parliamo più.

- **TO FIND OUT** (scoprire/venire a sapere)

  Her husband left her when he found out that she was in love with Gigi Marzullo.

  Suo marito l'ha lasciata quando ha scoperto che era innamorata di Gigi Marzullo.

- **TO GO FOR**

Questo *phrasal verb* ha vari significati:

- SCEGLIERE

  I think I'll go for the black car.

  Penso che sceglierò la macchina nera.

- ANDARE A FARE

  Her husband went for a walk and never came back.

  Suo marito andò a fare una passaggiata e non tornò più.

- ANDARE A PRENDERE

  Let's go for a beer!

  Andiamo a prendere una birra!

Viene anche usato nell'espressione: *GO FOR IT!* = Fallo!/Buttati!

If you really want something, just go for it!

Se vuoi davvero qualcosa, buttati!

ESERCIZIO 32

Prima di andare avanti, prova a tradurre il dialogo fra Concy e la sua amica Immacolata. Per farlo, dovrai usare i *phrasal verbs* che ti ho appena insegnato. Anche qui, per darti una mano, ho messo in neretto i verbi che devi tradurre con i *phrasal verbs*. Io, nel frattempo, vado a inventare delle scuse migliori per quando mi troverò di nuovo nei guai.

furious (furioso); **no way!** (non ci credo!); **I swear to you** (te lo giuro); **to act weird** (comportarsi in maniera strana); **pet shop** (negozio di animali); **puppy** (cucciolo/a; cagnetto/a); **blonde** (bionda); **to carry** (portare in braccio)

IMMACOLATA: Ehi, che succede? Sembri furiosa!
CONCY: Ieri **ho litigato** con John e ho annullato il matrimonio.
IMMACOLATA: Oh, no! Perché?
CONCY: Ha una relazione.
IMMACOLATA: Cosa?! Come l'**hai scoperto**?
CONCY: Stavo cercando qualcosa nell'armadio, quando ho visto un capello biondo sulla sua camicia.
IMMACOLATA: Non ci credo!
CONCY: Te lo giuro. Sapevo che **stava combinando** qualcosa, perché ultimamente si comportava in maniera strana.
IMMACOLATA: Lo fa sempre, in realtà... Ad ogni modo, cos'hai fatto?
CONCY: Appena è tornato a casa, gli ho chiesto di **dare una spiegazione** al capello e **se n'è uscito** con la storia più ridicola che io avessi mai sentito.
IMMACOLATA: Cos'ha detto? È **andato a sbattere contro** una bionda?
CONCY: No. Senti questa. Mi ha detto che l'altro giorno, mentre tornava a casa, ha **trovato per caso** un negozio di animali e ha deciso di adot-

tare un cucciolo, come regalo per me. Quindi è entrato nel negozio e **ha scelto** un'adorabile cagnetta bionda. Ed è così che ha spiegato da dove veniva il capello biondo.

IMMACOLATA: Ok... e dov'è questo adorabile cucciolo adesso?

CONCY: Ha detto che mentre la portava in braccio, la cagnetta ha visto un capello scuro sulla sua camicia e ha annullato l'adozione.

Effettivamente, non era molto credibile... Adesso andiamo avanti con altri utilissimi *phrasal verbs*!

- **TO LOOK AFTER** (prendersi cura di/badare a)

    Who will look after my goldfish while I'm away?

    Chi si prenderà cura dei miei pesci rossi mentre sono via?

- **TO MAKE UP FOR** (compensare/rimediare)

    You can't make up for what you've done with a kiss. But you can try with a new pair of shoes.

    Non puoi rimediare a ciò che hai fatto con un bacio. Ma puoi provare con un nuovo paio di scarpe.

- **TO POINT OUT** (evidenziare/fare notare)

    Her mother loves to point out my flaws in front of everybody.

    Sua madre adora evidenziare i miei difetti davanti a tutti.

- **TO RUN OUT OF** (finire/esaurire/essere a corto di)

  We need to do the shopping as we've run out of chocolate biscuits.

  Dobbiamo andare a fare la spesa perché abbiamo finito i biscotti al cioccolato.

- **TO SORT OUT**

Questo *phrasal verb* è uno dei più usati in assoluto e i suoi significati sono tutti importantissimi.

  - RISOLVERE/SISTEMARE (problemi/cose)

  Can you help me sort out the problems with my internet connection?

  Puoi aiutarmi a risolvere i problemi con la mia connessione internet?

  - ORDINARE/METTERE A POSTO

  Your wardrobe is a mess, will you please sort it out?

  Il tuo armadio è in disordine, puoi metterlo in ordine, per favore?

- **TO TAKE OVER** (assumere il controllo/prendere il posto di)

  Mobile phones are taking over our lives.

  I cellulari stanno prendendo il controllo delle nostre vite.

- **TO TURN UP** (comparire/presentarsi da qualche parte/saltare fuori)

  I didn't expect my ex to turn up at the party, as she wasn't invited.

  Non mi aspettavo che la mia ex si presentasse alla festa, perché non era invitata.

- **TO TURN DOWN** (rifiutare una proposta)

  Concy has turned down my proposal.

  Concy ha rifiutato la mia proposta di matrimonio (evvai!).

- **TO TURN INTO** (diventare/trasformarsi)

  In the beginning she was sweet and shy, then she turned into a big-mouthed monster.

  All'inizio era dolce e timida, poi si è trasformata in un mostro dalla bocca grande.

CAPOTRENO: Mi dispiace interrompere ma, sentendo l'ultimo esempio, mi è venuto in mente un altro errore comune: confondere **AT THE BEGINNING** con **IN THE BEGINNING** e **AT THE END** con **IN THE END**. Spesso, come in questi casi, la preposizione cambia il significato di un'espressione e bisogna fare attenzione a ciò che si vuole esprimere. Guarda questi esempi.

At the beginning of the party my friends were chatting on the sofa.

All'inizio della festa i miei amici chiacchieravano sul divano.

At the end of the party they were swinging from the chandeliers.

Alla fine della festa si dondolavano sui lampadari.

In the beginning, she didn't even want to talk to him.

Inizialmente non voleva neanche parlargli.

In the end, his money made her fall in love with him.

Alla fine, i suoi soldi sono riusciti a farla innamorare di lui.

Quindi, *at the beginning* significa "all'inizio" e si riferisce a un momento o a un punto preciso, mentre *in the beginning* assume più il significato di "inizialmente" e lascia intuire che la situazione di cui si parla cambierà.
Analogamente, *at the end* indica un momento o un punto preciso, mentre *in the end* suggerisce che la situazione di cui si parla è cambiata rispetto a com'era inizialmente.

- **TO WATCH OUT (FOR)** (fare attenzione [a])

  When you're on the bus, watch out for pickpockets!
  Quando sei sull'autobus, stai attento ai borseggiatori!

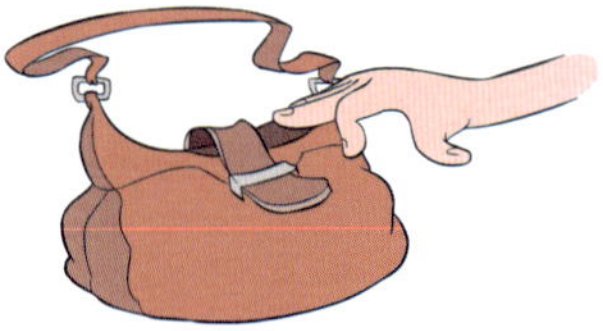

ESERCIZIO 33

Sei pronto per metterti un altro po' alla prova? Allora prendi la matita e traduci cosa mi è successo l'altro giorno tornando a casa, utilizzando questi altri *phrasal verbs* che hai imparato. Io, nel frattempo, continuerò a chiedermi come riescano le donne a fare mille cose contemporaneamente!

kitchen cupboard (credenza); **to do the housework** (fare le faccende domestiche); **to hit** (colpire); **frying pan** (padella); **to show** (dimostrare); **to bear** (sopportare); **floor** (pavimento); **to play dead** (fare finta di essere morto)

JOHN: Ciao cara, cosa stai facendo?
CONCY: Fammi pensare... Sto **mettendo a posto** la credenza, cucinando la cena, **prendendomi cura** del bambino e aspettando il tuo aiuto.
JOHN: Posso **far notare** che stavo facendo anch'io i lavori domestici?
CONCY: Davvero? E cosa stavi facendo, esattamente?
JOHN: Stavo **sistemando** i miei vestiti. Ho messo quelli che devi lavare su una sedia e quelli che devi stirare su un'altra sedia.
CONCY: **Stai attento**, John, perché stai per essere colpito in testa con una padella.

JOHN: Non so perché, ma ti ho fatto arrabbiare di nuovo. Come posso **rimediare**?

CONCY: Devo andare al supermercato, perché **abbiamo finito** un sacco di cose. Riesci a **occuparti** di tutto mentre sono via?

JOHN: Nessun problema, cara!

CONCY: Sei sicuro?

(Non potevo **rifiutare** la sua richiesta. Dovevo dimostrarle che ero in grado di farlo. Dopo tutto, dovevo solo **trasformarmi** in una donna per mezz'ora).

JOHN: Certo che sono sicuro, tesoro. Non preoccuparti.

Ed è uscita. Dopo dieci minuti, ho cominciato a farmi prendere dal panico. Dopo venti minuti, **si è presentata** la mamma di Concy. Era troppo da sopportare e la paura **ha preso il controllo** su di me. Mi sono steso sul pavimento e ho finto di essere morto.

CONTINUA...

SCIMMIA: Hey John, you **should have** told me that phrasal verbs were so fun to learn! I **might** decide to spend the rest of my life trying to memorize them.

JPS: Before I say anything, I **would** like to know if you're being sarcastic again.

SCIMMIA: Of course I'm not being sarcastic! If I had met you before, my life **would have** been much easier and I **could have** saved time and money.

JPS: **Could** you please stop it and tell me why you keep winking at me *(farmi l'occhiolino)* like an idiot, while you say these things?

SCIMMIA: John, I was just trying to introduce the next subject, but never mind (non fa niente). We **can** keep talking about phrasal verbs forever.

JPS: Non è mia intenzione. Comunque stiamo per arrivare alla prossima stazione...

3.13 MODAL VERBS

Ti ricordi di quel gruppo ristretto di **ausiliari** che si accompagnano ad altri verbi per esprimere ciò che è possibile, permesso o necessario fare? Se sai di cosa sto parlando e non ti sei nascosto sotto il sedile del treno, come si faceva sotto il banco di scuola, vuol dire che hai tenuto lo zainetto verde sempre a portata di mano e ne sono davvero felice.

Se vuoi dare una rispolverata veloce alle regole generali dei verbi modali e a quelli di cui avevamo parlato in Seconda Classe (*can/could/be able to* e *must/have to*), ti concedo qualche minuto per farlo!

Nel frattempo, vorrei salutare la nostra cara *Anglo-Saxon family*, che deve continuare ad andare in giro a farsi conoscere, e darei il benvenuto ai nostri nuovi passeggeri.

CAPOTRENO: Two new passengers are now boarding the *Express*: a little boy and his great-grandfather.

LITTLE BOY: This is my father. You **should** immediately apologize to him, sir.

CAPOTRENO: I'm really sorry. It's not my fault, they make me say these things, because they think they're funny.

FATHER: **Could** you tell us who makes you say these things, sir?

CAPOTRENO: John... The publishing house... You know...

FATHER: No, I don't. But I think you **should** see an analyst, sir.

SCIMMIA: Hey, look who's here: little lord Fauntleroy. **Can** I call you Roy?

LITTLE BOY: No, you **can't**. My name is Maxwell and my dad is called Egbert and if we'd known there were animals on this train, we **would** never **have** boarded it.

FATHER: That's right. This monkey **might** have fleas *(pulci)*. They **should have** told us before we boarded the train, so we **could have** chosen another one.

LITTLE BOY: Padre, se non erro, *might* ha una percentuale di sicurezza minore di *could*, perciò penso che dovremmo usare...

JPS: Ehi, cos'è questa noia mortale?! I verbi modali non devono essere per forza così noiosi e antipatici! Dài, adesso te li insegno in maniera semplice e veloce.

3.14
COULD/COULD HAVE

Finora ti avevo detto solamente che *could* era il passato di *can*. Oltre a questo ruolo, però, ne assume uno nuovo quando è usato nel **CONDIZIONALE**. Puoi facilmente capire di quale dei due si tratta dal contesto. Come gli altri modali, rimane invariato per tutte le persone ed è seguito dall'infinito del verbo senza il *to*. La costruzione è quella che conosci già.

- **CONDIZIONALE PRESENTE** del verbo "potere", *can*.

  I could go to the pub for a beer tonight.

  Potrei andare al pub per una birra stasera.

  She could stay home.

  Lei potrebbe restare a casa.

- **CONDIZIONALE PASSATO** del verbo "potere", *can*.

Si forma:

SOGG. + **COULD** + **HAVE** + **PAST PARTICIPLE**

I could have stayed home tonight.
Sarei potuto rimanere a casa stasera.
She could have gone to the pub tonight.
Lei sarebbe potuta andare al pub stasera.

E adesso vediamo i vari usi.

1 POSSIBILITÀ

Your girlfriend could be at the theatre with her friends.
La tua ragazza potrebbe essere a teatro con i suoi amici (ma in realtà credo che sia con lui).
She couldn't have come anyway.
Non sarebbe potuta venire comunque.

2 CONDIZIONALE

Come *would*, anche *could* possiamo trovarlo con *IF ipotesi pura* e *IF passato*:

Even if she gave me her number, I couldn't call her.
Anche se mi desse il suo numero, non potrei chiamarla.
If she had given me her number, Concy could have found out and killed me.
Se mi avesse dato il suo numero, Concy avrebbe potuto scoprirlo e uccidermi.

3 SUGGERIMENTO

We could go to Paris next weekend.
Potremmo andare a Parigi il prossimo weekend.
You could have sent your mum a message for her birthday.
Avresti potuto mandare un messaggio a tua mamma per il suo compleanno.

4 RICHIESTA EDUCATA

Could I have something to drink?

Potrei avere qualcosa da bere?

Couldn't you also give me something to eat?

Non potrebbe darmi anche qualcosa da mangiare?

5 DEDUZIONE DI IMPOSSIBILITÀ

I don't believe it. She could never do this to me!

Non ci credo. Non potrebbe mai farmi una cosa del genere!

ESERCIZIO 34

Cominciamo a vedere come poter utilizzare *could*, traducendo il messaggio ricevuto dalla scimmia poco fa.

to get hold (contattare); **farm** (fattoria); **countryside** (campagna)

SCIMMIA: Proprio quando pensavo che non potesse andare peggio, ho ricevuto questo messaggio: "Amore mio caro, come stai? Io non potrei essere più felice. Se non fossi salita a bordo di quel treno, non ti avrei incontrato. Pensavo che non sarei più riuscita a innamorarmi, ma quando ti ho visto non potevo credere ai miei occhi. Ti sto mandando questo messaggio perché ho provato a chiamarti, ma non sono riuscita a contattarti. Non potevo più aspettare. Dovevo farti sapere cosa provo per te. Se mi amassi anche tu, potremmo sposarci e potremmo comprarci una piccola fattoria in campagna. Potremmo sdraiarci sull'erba a bere latte e mangiare banane... Non riuscirei a immaginare niente di più romantico... Con amore, la tua mucca".

3.15
WOULD/WOULD HAVE

Come ti avevo già detto, *would* è il passato di *will*, ma in inglese serve principalmente per tradurre il **CONDIZIONALE**. L'abbiamo visto, infatti, con *IF ipotesi pura* e *IF passato*... Non c'è bisogno di ripeterli, vero?

If I had a bigger bed, I would be happy.
Se avessi un letto più grande, sarei contento.
If they had paid him, he would have gone on holiday.
Se l'avessero pagato, sarebbe andato in vacanza.

3.16
SHOULD/SHOULD HAVE

Anche *should* è un **CONDIZIONALE** e si usa per dare un suggerimento o un consiglio o per esprimere un dovere.

I think we should hire a housekeeper. If an elephant were in this room, we couldn't spot it!
Penso che dovremmo assumere una domestica. Se ci fosse un elefante in questa stanza, non riusciremmo a individuarlo!
Shouldn't you be asleep? It's past your bedtime, young lady!
Non dovresti essere a dormire? È tardi per te, signorina!
You should stop worrying about your appearance. It's the least of your problems.
Dovresti smetterla di preoccuparti del tuo aspetto. È l'ultimo dei tuoi problemi.

CAPOTRENO: È arrivata l'ora di dirti una cosa molto importante su come utilizzare il verbo **TO STOP**, dato che il significato della frase in cui può trovarsi questo verbo cambia totalmente a seconda che tu lo faccia seguire da un **gerundio** o da un **infinito**.

- **TO STOP + GERUNDIO** (smettere di fare qualcosa)

    As we were walking, she stopped crying.
    Mentre camminavamo, ha smesso di piangere.

(Magari le ho detto che la stavo portando a cena in un ristorante romantico.)

- **TO STOP + INFINITO** (fermarsi per/a fare qualcosa)

    As we were walking, she stopped to cry.
    Mentre camminavamo, si è fermata a piangere.

(Magari le ho detto che la stavo portando a giocare a Bingo.)

Se nella frase dell'esempio iniziale fosse stato utilizzato l'infinito e non il gerundio, si sarebbe trattato di un invito a fermarti per renderti conto di quanto sei brutto:

You should stop for a moment to worry about your appearance.
Dovresti fermarti per un momento a preoccuparti del tuo aspetto.

Ecco fatto, pensavo fosse doveroso chiarire anche questa cosa, per evitare di farti fare figure imbarazzanti. Esistono anche altri verbi che cambiano significato a seconda che siano seguiti dal gerundio o dall'infinito, ma purtroppo non abbiamo tempo per parlarne adesso. Potete proseguire.

ESERCIZIO 35

Ora, come puoi immaginare, dovrai tradurre questo dialogo utilizzando *should*.

to make someone feel better (fare stare meglio qualcuno); **to make someone look better** (migliorare l'aspetto di qualcuno)

CONCY: Il marito di Carmela l'ha lasciata dopo un mese di matrimonio. Come ha potuto?
JOHN: Non lo so, ma lo ammiro. Avrebbe dovuto lasciarla dopo una settimana.
CONCY: Dovresti smettere di essere così cattivo con lei. Non è carina, ma è dolce.
JOHN: E questo come dovrebbe aiutarla?
CONCY: Penso che dovremmo fare qualcosa per farla sentire meglio.
JOHN: Penso che dovremmo fare qualcosa per migliorare il suo aspetto.

3.17
MAY/MIGHT/MIGHT HAVE

May ormai si usa molto poco. È la versione formale di *can*, con il quale puoi tranquillamente sostituirlo.

SCIMMIA: A meno che tu non voglia sembrare Roy... Maxwell... questo *piccolo lord* qui, insomma.

Passiamo allora subito a *might*, che traduce quei "forse", "magari" o "è possibile che" che vogliamo esprimere quando non siamo certi di qualcosa. Ha due usi principali.

1 NEL PRESENTE

She might be waiting for you and she might be very angry.
È possibile che ti stia aspettando e che sia molto arrabbiata.

2 NEL FUTURO

I might go to the party later.
Forse più tardi andrò alla festa.
(Per favore, non tradurre questa frase con "maybe I will go"...)
If I keep quiet, she might think I'm not home.
Se rimango in silenzio, magari penserà che non sono in casa.

Nel **passato**, segue la costruzione degli altri modali:

You might have left your keys in the car.
Forse hai lasciato le chiavi in macchina.
If Ronnie hadn't missed that ball, he might have won the snooker championship again.
Se Ronnie non avesse mancato quella palla, magari avrebbe vinto di nuovo il campionato di biliardo.

ESERCIZIO 36

Dài, ti chiedo un altro piccolo sforzo! Traduci queste frasi usando... indovina un po'... *might*.

forecast (previsioni); **fitting room** (camerino); **nanny** (tata); **parcel** (pacco postale)

1 Ha chiamato tua mamma due minuti fa. Ha detto che forse arriva in ritardo.

....

2 Le previsioni hanno detto che forse in serata nevicherà.

....

3 Forse ho lasciato le mutande nel camerino.

....

4 I bambini non sono in casa. Magari sono andati al parco giochi con la tata.

....

5 Forse è il postino con il pacco che stavo aspettando.

....

6 Non riesco a trovare i miei occhiali. Forse sono nella tua borsa.

....

3.18
HAD BETTER

Altra assurdità della lingua inglese... ma ormai sei abituato alle nostre stranezze. *Had better* si usa per **RACCOMANDARE VIVAMENTE QUALCOSA** o dire (anche a se stessi) cosa si dovrebbe fare. Si trova solitamente nella forma contratta: *'d better* (fai attenzione a non confondere quella "d" con la forma contratta di *would*).

It's getting late, I'd better go.
Si sta facendo tardi, farei meglio ad andare.
You have to leave very early tomorrow morning, you'd better go to bed.
Devi partire molto presto domattina, faresti bene ad andare a letto.
It's going to rain, we'd better take an umbrella.
Sta per piovere, faremmo meglio a prendere un ombrello.

JPS: Ehi, sta davvero cominciando a piovere... ma non piove acqua... ma cosa... *YIKES!*

NOTA EDITORIALE
Prima di proseguire, ci teniamo a dire che nessun animale è stato ferito nella realizzazione di questo disegno.

3.19
IDIOMS

JPS: Ladies and gentlemen, please remain seated until the train comes to a complete stop, while we try to figure out *(riuscire a capire)* what's going on.

Attenzione! Stai per trovarti in una situazione dove ti sembrerà che tutti parlino cinese, usando espressioni assurde e incomprensibili. Si tratta semplicemente degli **IDIOMS**, che noi inglesi amiamo e usiamo spessissimo. Adesso ti faccio conoscere alcuni fra i più diffusi, mostrandoti come possono essere utilizzati in una normale situazione (be'... proprio normale no). Non temere, più avanti te li spiegherò tutti. Prima, però, facciamo questo gioco e cerca di capirne il senso prima che te lo riveli io! Una volta imparati, potrai divertirti a tornare indietro, rileggere i dialoghi e stupirti di come tutte quelle strane espressioni siano improvvisamente diventate chiarissime! Sei seduto comodo? Cominciamo!

LITTLE BOY: Father, I'm scared. Cats and dogs are falling from the sky. What's happening?

FATHER: Don't ask me, son, it's really **beyond me**. But remember, **ignorance is bliss** sometimes!

LITTLE BOY: They should be teaching us English, but they're **taking** us **for a ride**. I think we should get off this train, immediately. Hey, monkey, do you know where the train conductor is?

SCIMMIA: Eh?

LITTLE BOY: The train conductor. Have you seen him?

SCIMMIA: What?

FATHER: Oh, dear, **the lights are on, but nobody's home**!

SCIMMIA: I was still thinking about the cow's message... By the way, she wrote me another one. She said that I'm **out of this world** and she had **butterflies in her stomach** when she saw me...

FATHER: And how do you feel? Are you **walking on air**, too?

SCIMMIA: Yes, and **pigs will fly**.

LITTLE BOY: I think you're meant to be together *(è destino che stiate insieme)*.

SCIMMIA: You are really **asking for trouble**, little lord! I'm going to do something I should have done as soon as you boarded this train. I don't care, **come what may**.

A few screams later...

SCIMMIA: Ok, **it's in the bag**!
FATHER: What did you do to **the apple of my eye**? Where is he?!
SCIMMIA: He's **in the doghouse**. He has to **face the music**.

NOTA EDITORIALE

Ci teniamo ad assicurare che non è stato alzato un dito (né una zampa) su nessun bambino (sebbene petulante).
L'espediente della punizione è servito puramente a introdurre nuovi *idioms*.

FATHER: Bring him back!
SCIMMIA: **Not for all the tea in China**! I'm sorry, but this is out of the question.
FATHER: I'm really **going bananas**, now.
SCIMMIA: I'm going for bananas too, shall we go together?
FATHER: What I mean is that **I'm seeing red**, you idiot! You're really **playing with fire**. You'd better bring my son back here, this instant... because I don't want to squash your bananas... do you **get the message**, now?
SCIMMIA: Not really, no. Anyway, if your son **plays his cards right**, I might let him out of the toilet, as long as he behaves *(a patto che si comporti bene)*. From now on, he must be **as quiet as a mouse**. **Take it or leave it**.
FATHER: Isn't there a **plan B**?
SCIMMIA: **Nothing doing**.

CAPOTRENO: That's enough! Monkey, get that kid out of the toilet, will you? As for you, sir, you should stop worrying about those animals falling from the sky. It's perfectly normal when you speak English. Why don't you just try to relax and **find your feet**? I know, you'll have to listen to John's jokes, but you **can't make an omelette without breaking a few eggs**, can you?

JPS: Well said! (but not the bit about the jokes...) Learning English might be tricky *(difficile)* at the beginning, as you have to **learn the ropes**. But I've got something really important to tell you.

FATHER: I'm **all ears**.

JPS: If you have fun while studying, you'll see **the light at the end of the tunnel**. It's true, I'm not **pulling your leg**.

FATHER: I don't believe you, I think you're just trying **to sweeten the pill**. Anyway, I just want my son back, now, and I want to get off this train.

SCIMMIA: Here you are! As you can see, Roy is **safe and sound**. Everything's ok, we've **cleared the air**.

FATHER: Maxwell, my son, I thought I'd never see you again! Come here, I'll protect you from this crazy language that makes animals fall from the sky!

LITTLE BOY: *Hmmph! Hmmmmph!*

JPS: That's really moving *(commovente)*, but you're really **making a mountain out of a mole hill**. By the way, **raining cats and dogs**, in English, is a pretty common phenomenon: it's just an idiomatic expression for *heavy rain*.

SCIMMIA: What's an idiomatic expression?

JPS: An idiom!

FATHER: Idiots... idioms... It's time **to draw the line**, here. We've had enough. We're off.

SCIMMIA: It was **short and sweet**...

CAPOTRENO: When they realize that English is not so difficult, they might **change their mind**.

SCIMMIA: Too late! **The die is cast**! They **missed the boat**! And you know what? I'm happy. The little lord was a real **pain in the neck**.

JPS: Listen, why don't we get off the train and see if those cats and dogs are ok? **I'm dying to** stretch my legs.

To be continued...

So che sei curioso di vedere come va avanti, ma dobbiamo congelare la scena per un po' e scoprire quanti degli *idioms* usati finora sei riuscito a capire!

A

(TO BE) ALL EARS (tutto orecchie)

Equivale all'italiano "essere tutt'orecchi".

> **When John said he was going to say something important, the father was all ears.**
>
> Quando John ha detto che stava per dire qualcosa di importante, il padre era tutto orecchi.

APPLE OF MY EYE (lett: mela del mio occhio)

Equivale all'italiano "luce dei miei occhi". Si usa per parlare di una persona per la quale si stravede.

> **That father loves his son. He's the apple of his eye.**
>
> Quel padre ama suo figlio. È la luce dei suoi occhi.

ASK FOR TROUBLE (lett: chiedere guai)
Equivale all'italiano "andarsela a cercare, essere in cerca di guai".

> **The little boy asked for trouble.**
> Il bambino se l'è cercata.

B

BEYOND ME (lett: oltre me)
Equivale all'italiano "mah!/non ci arrivo".
Non metto esempi per questa espressione, penso sia abbastanza chiara!

(TO HAVE) BUTTERFLIES IN ONE'S STOMACH
Questo è facile, perché in italiano è uguale: "avere le farfalle nello stomaco". Neanche per questo, quindi, c'è bisogno di esempi.

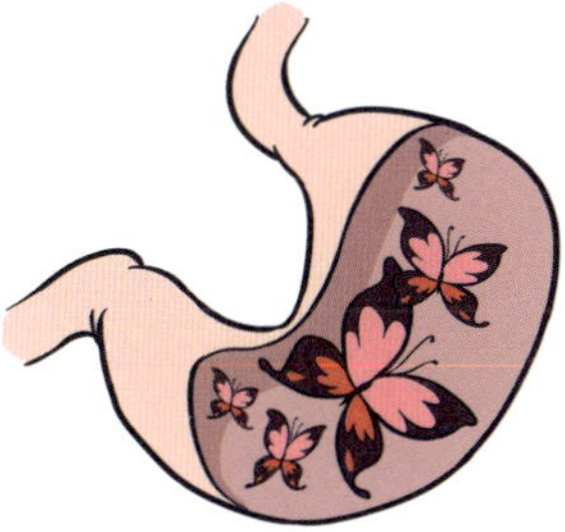

C

CAN'T MAKE AN OMELETTE WITHOUT BREAKING A FEW EGGS (lett: non puoi fare una frittata senza rompere qualche uovo)
Equivale all'italiano "non si può ottenere un risultato senza fare qualche sacrificio".

> **If you want to learn English with John, you have to listen to his jokes. I know it's annoying, but you can't make an omelette without breaking a few eggs.**
> Se vuoi imparare l'inglese con John, devi ascoltare le sue battute. Lo so che è fastidioso, ma non si può ottenere un risultato senza fare qualche sacrificio.

CLEAR THE AIR (lett: pulire l'aria)
Equivale all'italiano "chiarirsi".
Dopo una discussione o una litigata, l'aria è pesante. Per sistemare le cose *(sort out)* è meglio parlare per ripulire, appunto, l'aria pesante.

> **The drunk monkey and the little boy cleared the air.**
> La scimmia ubriaca e il bambino si sono chiariti. (Non ne sono convinto, ma questo è quello che ha detto la scimmia.)

COME WHAT MAY (lett: venga quello che può)
Equivale all'italiano "succeda quel che succeda".
Il senso è chiaro. Sebbene si sia consapevoli delle presenza di rischi nel fare qualcosa, lo si fa ugualmente, perché si pensa che ne valga la pena.

> **The monkey wants to teach the cheeky boy a lesson, come what may.**
> La scimmia vuole dare una lezione al bambino insolente, succeda quel che succeda.

D

(THE) DIE IS CAST(il dado è tratto)
Equivale al latino "alea iacta est".
Lo sai, si riferisce al prendere una decisione irrevocabile.

(IN THE) DOGHOUSE (lett: nel canile)
Equivale all'italiano "in castigo".
Generalmente, solo uomini (soprattutto dalle donne italiane) e bambini possono essere mandati nel *doghouse*.

> **John was in the doghouse because he went for a beer with his friends.**
> John era in castigo perché era andato a prendere una birra con i suoi amici.

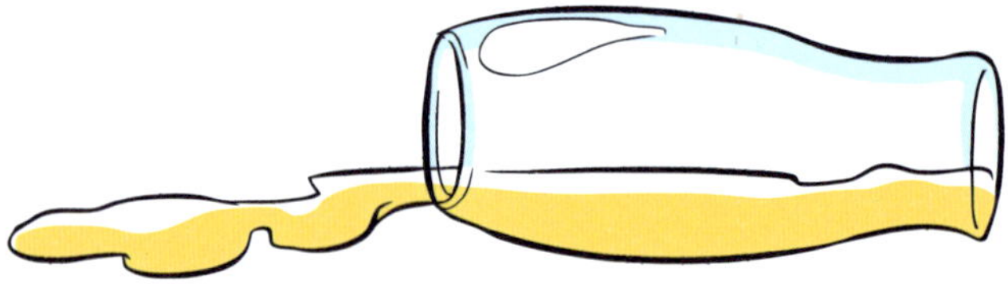

DRAW THE LINE (lett: disegnare la linea)
Equivale all'italiano "porre un limite".

Concy is spending all my money buying shoes and bags. I must draw the line.
Concy sta spendendo tutti i miei soldi per comprare scarpe e borse. Devo porre un limite.

(TO BE) DYING FOR/TO DO SOMETHING (lett: morire per qualcosa)
Equivale all'italiano "morire dalla voglia di"

The driver was dying to stretch his legs.
L'autista stava morendo dalla voglia di sgranchirsi le gambe.

F

FACE THE MUSIC (lett: affrontare la musica)
Equivale all'italiano "affrontare le conseguenze/assumersi le proprie responsabilità". Qui la musica rappresenta le conseguenze di ciò che si è combinato.

I told my girlfriend her bum looked big in her new trousers. Now I'll have to be brave, go back home and face the music.
Ho detto alla mia ragazza che i suoi nuovi pantaloni le facevano il sedere grosso. Ora devo essere coraggioso, tornare a casa e affrontare le conseguenze.

FIND YOUR FEET (lett: trovarsi i piedi)
Equivale all'italiano "prendere confidenza con qualcosa, familiarizzare, ambientarsi". All'inizio di una nuova esperienza, come può essere un nuovo lavoro o l'apprendimento di una nuova lingua, si è come sul ghiaccio e i piedi scivolano. Poi, quando si riesce a restare in equilibrio, si può andare avanti con meno problemi.

> **You've been studying English for twenty years and you haven't found your feet yet. Maybe you should try Chinese.**
> Sono vent'anni che studi l'inglese e non hai ancora preso confidenza (con la lingua). Forse dovresti provare con il cinese.

G

GET THE MESSAGE (capire il messaggio)
Equivale all'italiano "ci siamo capiti?".

> **If you ask me to go shopping, I'll ask that girl out... Get the message?**
> Se mi chiedi di andare a fare shopping, chiederò a quella ragazza di uscire... Ci siamo capiti?

GO BANANAS (lett: andare nello Stato di Bananas)
Equivale all'italiano "andare fuori di testa, impazzire, per la rabbia o per la gioia".

> **I accidentally killed her goldfish. When she finds out, she'll go bananas.**
> Ho ucciso per sbaglio il suo pesce rosso. Quando lo scopre, andrà fuori di testa.

I

IGNORANCE IS BLISS (lett: l'ignoranza è gioia)
Equivale all'italiano "meglio non sapere".
Molto spesso, non sapere certe cose brutte ci fa stare meglio.

> **Don't tell me about the risks of eating too much ketchup. Ignorance is bliss!**
> Non parlarmi dei rischi del mangiare troppo ketchup. Meglio non sapere!

IN THE BAG (nel sacco)
Equivale all'italiano "è fatta!".
Si usa quando raggiungi uno scopo: è come se poi lo mettessi nel sacco e lo portassi via.
Supponiamo che conosci una ragazza e ti da il suo numero di telefono. È fatta! Puoi metterla nel sacco e...

SCIMMIA: Posso dire che questo esempio suona molto male?
JPS: Forse hai ragione. Andiamo avanti, tanto il senso è chiaro.

L

LEARN THE ROPES (lett: imparare le corde)
Equivale all'italiano "farsi le ossa, imparare i fondamenti".
Si usa per riferirsi al periodo in cui una persona sta imparando una cosa nuova, quando sta facendo gavetta.

> **Combing gorillas is a very difficult job. I'm still learning the ropes.**
> Pettinare i gorilla è un lavoro molto difficile. Mi sto ancora facendo le ossa.

(TO SEE THE) LIGHT AT THE END OF THE TUNNEL ([vedere la] luce alla fine del tunnel)
È uguale all'italiano "vedere la luce alla fine del tunnel".
Nelle situazioni difficili è utilizzato, come in italiano, quando arriva finalmente una speranza, un modo per uscire da una situazione difficile.

> **I've nearly finished the book, I can almost see the light at the end of the tunnel.**
> Ho quasi finito il libro, comincio a vedere la luce alla fine del tunnel.

THE LIGHTS ARE ON, BUT NOBODY'S HOME (lett: le luci sono accese, ma non c'è nessuno in casa)
Equivale all'italiano: "essere sovrappensiero o avere il cervello spento", magari per stanchezza.
I love this idiom! Supponiamo che la testa sia una casa e che gli occhi aperti siano le finestre con le luci accese: quando sei molto stanco o sovrappensiero gli occhi sono aperti (le luci sono accese) ma in casa non c'è nessuno... il cervello è assente!

> CONCY: **John, I need another pair of shoes.**
> *JOHN:* **Eh?**
> CONCY: **I said I need another pair of shoes.**
> *JOHN:* **Uh?**
> CONCY: **The lights are on, but nobody's home... again.**
> (Funziona sempre...)

M

MAKE A MOUNTAIN OUT OF A MOLE HILL (lett: fare una montagna dal mucchietto di terra della talpa)
Equivale all'italiano "fare di un sassolino una montagna, di una mosca un elefante..." insomma: "fare un dramma".

> **I told my wife I was in love with another woman and she said she wanted a divorce. She always makes a mountain out of a mole hill!**
> Ho detto a mia moglie che ero innamorato di un'altra donna e lei ha detto che voleva il divorzio. Fa sempre di una mosca un elefante!

MISS THE BOAT (lett: perdere la barca)
Equivale all'italiano "perdere il treno, perdere l'occasione".
Cambia il mezzo di trasporto, ma l'espressione è uguale all'italiano. Andiamo avanti!

N

NOT FOR ALL THE TEA IN CHINA (lett: neanche per tutto il tè della Cina)
Equivale all'italiano "neanche per tutto l'oro del mondo".

A **Dear, shall we rent that long, boring French film everybody's talking about?**
B **Not for all the tea in China!**
A Caro, noleggiamo quel lungo e noioso film francese di cui tutti parlano?
B Neanche per tutto l'oro del mondo!

NOTHING DOING (lett: niente facendo)
Equivale all'italiano "niente da fare, non se ne parla nemmeno".

Nothing doing! I'm not coming to the shopping centre, last time you made me walk for ten hours.
Niente da fare! Non ti porto al centro commerciale, l'ultima volta mi hai fatto camminare per dieci ore.

O

OUT OF THE QUESTION (lett: fuori dalla questione)
Equivale all'italiano "fuori discussione".

My daughter asked me for money to go to the cinema with her boyfriend, but it's out of the question. She can't have a boyfriend.
Mia figlia mi ha chiesto dei soldi per andare al cinema con il suo ragazzo, ma è fuori discussione. Non può avere un ragazzo.

OUT OF THIS WORLD (lett: fuori da questo mondo)
Equivale all'italiano "è la fine del mondo".

> **WOW! That car is out of this world!**
> WOW! Quella macchina è la fine del mondo!

P

(A) PAIN IN THE NECK (lett: un dolore al collo)
Equivale all'italiano "rompiscatole (persona), rottura di scatole (cosa)".

> **My dog is a pain in the neck. He always wants to go for a walk when I'm tired.**
> Il mio cane è un rompiscatole. Vuole sempre andare a fare una passeggiata quando sono stanco.

PLAY YOUR CARDS RIGHT (gioca bene le tue carte)
È uguale all'italiano "giocare bene le proprie carte".

> **If you play your cards right, I might give you a kiss.**
> Se giochi bene le tue carte, forse ti do un bacio.

PIGS WILL FLY (lett: i maiali voleranno)
Equivale all'italiano "gli asini volano".

> *JOHN:* **England will win the next World Cup.**
> *MARCO:* **Yes, and pigs will fly.**
> *JOHN:* L'inghilterra vincerà la prossima Coppa del Mondo.
> *MARCO:* Sì, e gli asini volano!

PLAN B (piano B)
È uguale all'italiano "piano B/di riserva".

I can try to book a flight to the Maldives, but plan B is to go to Coccia di Morto.
Posso provare a prenotare un volo per le Maldive, ma il piano B è andare a Coccia di Morto.

PLAY WITH FIRE (giocare col fuoco)
Anche questa è uguale all'italiano "giocare col fuoco".

The man told the drunk monkey he was playing with fire.
L'uomo ha detto alla scimmia ubriaca che stava giocando col fuoco.

PULL SOMEONE'S LEG (lett: tirare la gamba di qualcuno)
Equivale all'italiano "prendere in giro qualcuno".
È il prendere in giro buono, scherzoso.

I don't believe him anymore, because he's always pulling my leg!
Non gli credo più, perché mi prende sempre in giro!

Q

QUIET AS A MOUSE (lett: silenzioso come un topo)
Non esiste una frase italiana che corrisponda a questo *idiom*, che si riferisce a qualcuno che sta in silenzio totale, che non fa rumore.

A **My girlfriend is as quiet as a mouse.**
B **Oh no, are you sure she's still alive?**
A La mia ragazza è molto silenziosa.
B Oh, no, sei sicuro che sia ancora viva?

R

RAINING CATS AND DOGS (lett: piovendo cani e gatti)
Equivale all'italiano "piovere a dirotto/a catinelle/come Dio la manda".

S

SEE RED (vedere rosso)
È uguale all'italiano "vedere rosso, non vederci più dalla rabbia".

> **When their boss told them they had to work on Sunday, they saw red.**
> Quando il capo ha detto loro che avrebbero dovuto lavorare domenica, non ci hanno più visto dalla rabbia.

SWEETEN THE PILL (addolcire la pillola)
Equivale all'italiano "indorare la pillola".
Come in italiano, si usa quando devi dire una cosa brutta a qualcuno e cerchi di farlo in maniera da rendere la "pillola" più facile da mandare giù.

> **Yesterday we ran out of ketchup, but my wife sweetened the pill. She said we still had plenty of barbecue sauce.**
> Ieri abbiamo finito il ketchup, ma mia moglie ha indorato la pillola. Ha detto che avevamo ancora molta salsa barbecue.

T

TAKE IT OR LEAVE IT (lett: prendilo o lascialo)
Equivale all'italiano "prendere o lasciare".

A **How much is that sandwich?**
B **It's six euros.**
A **I'll give you three. Take it or leave it.**
B **I'll take it!**
A **What the hell are you doing?**
B **I'm eating half of it, first.**
A Quant'è quel tramezzino?
B Sei euro.
A Te ne do tre. Prendere o lasciare.
B Ci sto!
A Cosa diavolo stai facendo?
B Ne sto mangiando metà, prima.

TAKE SOMEBODY FOR A RIDE (lett: portare in giro qualcuno)
Equivale all'italiano "truffare, raggirare". È il prendere in giro cattivo, l'imbrogliare.

When I discovered that my wallet was missing, I realized they had taken me for a ride.
Quando ho scoperto che il mio portafoglio era sparito, mi sono reso conto che mi avevano truffato.

W

WALK ON AIR (lett: camminare sull'aria)
Equivale all'italiano "toccare il cielo con un dito, essere al settimo cielo".

I'm writing this book and I'm walking on air!
Sto scrivendo questo libro e sono al settimo cielo!

Allora, com'è andato il primo approccio con gli *idioms*? Quanti eri riuscito a capirne? Lo so, non devo perdermi in chiacchiere perché vuoi andare avanti con la storia. Sai cosa facciamo? Stavolta ti spiegherò gli *idioms* che troverai nel testo prima che tu lo legga, ma poi sarai tu a inserirli al posto giusto!

B

BENEFIT OF THE DOUBT (beneficio del dubbio)
Equivale all'italiano "concedere il beneficio del dubbio".
Come in italiano, concedi il beneficio del dubbio a qualcuno quando gli lasci la possibilità di dimostrare che le cose non sono come sembrano, quando gli permetti di dire la sua verità.

C

CALL A SPADE A SPADE (lett: chiamare una carta di picche una carta di picche) Equivale all'italiano "dire le cose come stanno, chiare e tonde".

Get out from under the table, John, and call a spade a spade: did you put ketchup in my mum's coffee?
Vieni fuori da sotto il tavolo, John, e sii sincero: hai messo tu il ketchup nel caffè di mia madre?

CAP IN HAND (lett: coppola in mano)
Equivale all'italiano "umilmente".
Chiedere qualcosa a qualcuno "con la coppola" in mano vuol dire chiederla umilmente, con rispetto. Questo tipo di cappello siciliano è molto diffuso anche in Inghilterra.

I will go cap in hand and ask her to forgive me.
Andrò umilmente a chiederle perdono.

CHEWING THE FAT (lett: masticare il grasso)
Equivale all'italiano "parlare del più e del meno". Si tratta di un'espressione molto informale.

My neighbours just sit there and chew the fat all day.
Le mie vicine stanno sedute lì a chiacchierare tutto il giorno.
(Poi finalmente, quando esco in balcone in mutande, rientrano in casa.)

D

DRESSED TO KILL (lett: vestito per uccidere)
Equivale all'italiano "mettersi in tiro".
Generalmente, quando una donna desidera essere notata, indossa i vestiti migliori e gli accessori più belli... e va a fare strage di cuori!

E

(I'LL) EAT MY HAT (lett: mi mangerò il cappello)
In inglese questo *idiom* è usatissimo! Si dice spesso "se è così/non è così, mi mangerò il cappello", quando si è sicuri che qualcosa succederà o non succederà.

> **If she hasn't gone shopping, I'll eat my hat!**
> Se non è andata a fare shopping (cosa di cui sono certo), mi mangerò il cappello.

(AN) EYE FOR AN EYE (AND A TOOTH FOR A TOOTH) (occhio per occhio [e dente per dente])
Questo mi sembra abbastanza chiaro, no?

> **If you eat my hot dog, I'll eat your ice cream. An eye for an eye.**
> Se mangi il mio hot dog, mangerò il tuo gelato. Occhio per occhio.

J

JUMP TO CONCLUSIONS (saltare alle conclusioni)
Anche questo è analogo all'italiano e significa "elaborare conclusioni a volte affrettate".

L

LET SLEEPING DOGS LIE (lett: lascia che i cani dormano sdraiati)
Equivale all'italiano "non svegliare il can che dorme".
Come nella tua lingua, è un invito a non tirare fuori certi argomenti delicati e a ignorare le cose che possono creare conflitto.

> *A* **I must tell that Scot that *Braveheart* was wrong!**
> *B* **Oh, come on, let sleeping dogs lie, please.**
> *A* Devo dire a quello scozzese che *Braveheart* aveva torto!
> *B* Oh, andiamo, non svegliare il can che dorme.

M

MORE THAN MEETS THE EYE (lett: più che incontra l'occhio)
Equivale all'italiano "non è quello che sembra, c'è sotto qualcosa, qui gatta ci cova".

> **Concy looks calm, but I know there's something more than meets the eye.**
> Concy sembra calma, ma so che c'è sotto qualcosa.

MY FOOT! (lett: il mio piede!)
Equivale all'italiano "un corno!".
Anche questo *idiom* mi piace molto! È usato per contraddire o comunicare che non crediamo a qualcosa che qualcuno dice.

> **You're sorry? You're sorry my foot!**
> Ti dispiace? Ti dispiace un corno!

E adesso, goditi il finale...

On the platform.

CAPOTRENO: Caro John, cara (si fa per dire) scimmia ubriaca, l'*Express* è già arrivato a destinazione e non riesco a credere quanta strada si sia fatta in così poco tempo. Mi dispiace di essere stato un po' pignolo, ma credo che a volte sia necessario.
Rimarrei volentieri con voi un altro po', il fatto è che io so cosa sta per succedere e non vorrei rovinarvilfinaleeccolilàchearrivanoioscappociao!

SCIMMIA: What did he say?!

JPS: He lost me after "vorrei", actually, he was talking too fast.

SCIMMIA: He might have been in a hurry for some reason. So, here we are, just you and me... Which makes me wonder where all the cats and dogs fallen from the sky are.

JPS: The cats are on the tables and I can see some dogs there, sleeping.

SCIMMIA: And we should ...., shouldn't we?

JPS: Yes, we should. I can also see something else coming towards us... What is it?

SCIMMIA: Two birds. I can see them too. They look suspicious. And why are they ....?
I don't want ...., but I'm quite sure ....

JPS: Let's see what they say. "Hello, what are you up to?"

BIRDS: Nothing special. Just taking a walk and ....
....

JPS: I don't think you are telling the truth, but I'll give you the ....
....

SCIMMIA: Benefit of the doubt ....!
If these two birds have nothing to hide, ...
....! Listen, just ....
and tell us what you want from us.

BIRDS: Ok. In Italy, they catch two pigeons with a broad bean, so why on earth do the barbaric English people have to *kill* birds with a *stone*?!

JPS: You're right... I don't know, but I'm asking you ....
.... to forgive us.

BIRDS: Too late! ....!
You'd better start running.

SCIMMIA: Hey, wait, I'm not English, I'm just a monkey! *He*'s the killer! I wanted to learn Chinese! I didn't even mean to say those nasty things to you, but I'm drunk, and it's not my fault! *He* got me drunk for the book, so *he* could make *me* say silly things, and...

JPS: STOP TALKING NONSENSE, FOR GOD'S SAKE and RUN, little drunk monkey, RUN!

SCIMMIA: I *am* running, but I wanted to tell you something... What I just said to the birds is not true...

JPS: SPEAK LOUDER, I CAN'T HEAR YOU!!!

SCIMMIA: OK, BUT WHY ARE WE TALKING USING CAPITAL LETTERS AND SO MANY EXCLAMATION MARKS, NOW?!

JPS: BECAUSE WE'RE RUNNING AND YELLING!!! YOU KNOW WHAT? I CAN'T BELIEVE I'M ABOUT TO SAY THIS, BUT I'LL MISS YOU!!!

SCIMMIA: I thought I'd never say this either, but THANK YOU FOR EVERYTHING! I'VE HAD A LOT OF FUN! (Pant, pant...) But let's not get too sentimental, now, shall we? LISTEN, (pant, pant...) I'VE GOT SOMETHING MORE IMPORTANT TO ASK YOU (pant, pant...) ... (pant, pant...): where has the *Express* taken us?

JPS: SPEAK UP!

SCIMMIA: I'M OUT OF BREATH! Where are we now? Is this the end of our journey?

JPS: NO, MONKEY, IT'S NOT THE END AND IT NEVER WILL BE! (Pant, pant...) As for your first question, we are now at the A.......... OUCH!!!

SCIMMIA: They got him. Apparently, we'll have to wait till the next book for the answer.

NOTA EDITORIALE

Ci teniamo a informare che l'autore sta bene e ha solo un grosso bernoccolo in testa. Dal momento che è un po' confuso, però, crede di non essere arrivato in stazione ma in... Scusate, sono arrivati i nostri legali per la scimmia. *Better late than never!*

EXTRA ED ECCEZIONI

Vagone letto

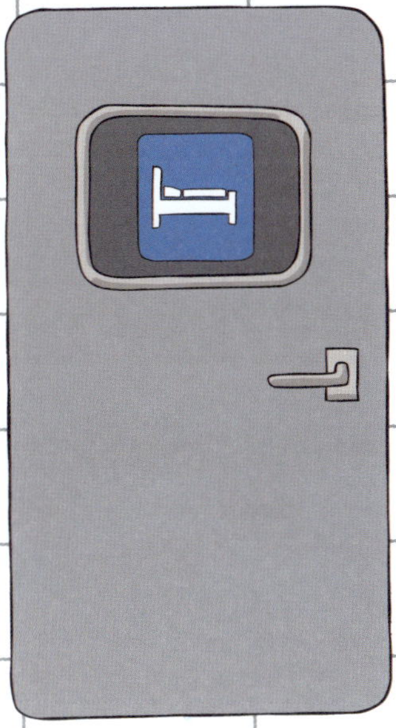

ARTICOLI

A parte la regola generale, guarda questi altri casi.

THE viene utilizzato:

• quando c'è un esemplare unico di qualcosa: *the sun*; *the moon*;

• prima di nomi di: *groups of mountains*; *groups of islands*; *museums*; *theatres*; *hotels*; *nationalities*;

• prima di nomi propri geografici: *the Thames*; *the Sahara*; *the Pacific*;

• prima di nomi che indicano una categoria specifica di persone: *the poor* (i poveri); *the rich* (i ricchi); *the elderly* (gli anziani); *the unemployed* (i disoccupati);

• davanti al nome *internet*.

A viene utilizzato:

• per dire qual è il lavoro o la professione di qualcuno: *a waiter* (cameriere); *a lawyer* (avvocato).

> **My father is a doctor.**
> Mio padre è medico (in italiano l'articolo si può omettere).

Le parole che iniziano con **U** vogliono l'articolo *a* se la U si pronuncia "iu" e *an* se la U si pronuncia come il simbolo "dita in gola". Guarda questi esempi:

> **A university.**
> Un'università.
> **An ugly newborn baby.**
> Un neonato brutto (senti, quello nella carrozza accanto è un mostro).

ZZZ...

QUESTION TAGS

Guarda come usare le *question tags* in questi due casi.

• **Se la frase comincia con un imperativo**, nella *question tag* si userà l'ausiliare **WILL**:

> **Open the window, will you?**
> Apri la finestra, ti dispiace?

• **Se nell'imperativo includi anche te stesso**, quando vuoi suggerire o invitare a fare qualcosa, allora dovrai usare **LET'S** *(let us)* e la *question tag* sarà **SHALL WE?**

Let's go, shall we?
Andiamo, che ne dici/va bene?
Let's dance, shall we?
Balliamo, ti va?

IL PLURALE

Regola generale: il plurale dei sostantivi inglesi si ottiene aggiungendo una **-S** alla fine del sostantivo singolare.
Alcuni casi particolari:

• ai sostantivi che terminano per **-S**, **-SS**, **-SH**, **-CH**, **-X o -Z** si aggiunge **-ES**;

• con i sostantivi che terminano per **-Y**: se questa è **preceduta da una vocale**, si aggiunge **-S**; se invece è **preceduta da una consonante**, la **-Y** diventa **-IES**;

• ai sostantivi che terminano per **-F oppure -FE**, si cambia la **-F** in **-V** e si aggiunge **-ES**.

Alcune parole poi non seguono nessuna di queste regole. Ecco le più importanti: **man** – **men**; **woman** – **women**; **child** – **children**; **tooth** – **teeth**; **foot** – **feet**; **knife** – **knives**; **mouse** – **mice**; **fish** – **fish**; **sheep** – **sheep**.

COMPARATIVI E SUPERLATIVI

COMPARATIVO DI MAGGIORANZA

Casi particolari negli aggettivi corti:

• gli aggettivi monosillabici che terminano con **-E** aggiungono solo la **-R**:

nice – **nicer** (simpatico – più simpatico)

• gli aggettivi monosillabici che terminano con **una consonante preceduta da vocale**, raddoppiano la consonante e aggiungono **-ER**:

fat – **fatter** (grasso – più grasso)

• gli aggettivi monosillabici o bisillabici che terminano per **-Y** cambiano la **-Y** in **-I** e aggiungono **-ER**:

ugly – **uglier** (brutto – più brutto)

SUPERLATIVO DI MAGGIORANZA

Casi particolari negli aggettivi corti:

• gli aggettivi monosillabici che terminano in **-E** aggiungono solo **-ST**:

nice – **the nicest** (carino – il più carino)

• gli aggettivi monosillabici costituiti da **consonante-vocale-consonante**, raddoppiano l'ultima lettera:

sad – **saddest** (triste – il più triste)

• gli aggettivi monosillabici o bisillabici che terminano in **-Y** cambiano la **-Y** in **-I** e aggiungono **-EST**:

happy – **the happiest** (felice – il più felice)

CASI PARTICOLARI NEI COMPARATIVI E SUPERLATIVI

AGGETTIVO	COMPARATIVO	SUPERLATIVO
GOOD buono, bravo, bene, bello	**BETTER** meglio, migliore	**THE BEST** il meglio, il migliore
BAD cattivo, male, scadente	**WORSE** peggio, peggiore	**THE WORST** il peggio, il peggiore

AGGETTIVO	COMPARATIVO	SUPERLATIVO
OLD vecchio	**OLDER** più vecchio **ELDER** più vecchio di età fra membri della stessa famiglia	**THE OLDEST** il più vecchio **THE ELDEST** il più vecchio di età fra membri della stessa famiglia
FAR lontano	**FARTHER** più lontano	**THE FARTHEST** il più lontano

AVVERBI

Anche qui devi ricordare qualche semplice regola.

• Gli aggettivi che terminano in **-LE** modificano queste due lettere direttamente in **-LY**:

possible – possibly
I did all I possibly could.
Ho fatto tutto il possibile.
probable – probably
If he doesn't call you, he probably doesn't love you.
Se non ti chiama, probabilmente non ti ama.

• Gli aggettivi che terminano in **-Y** cambiano la **-Y** in **-I** e aggiungono **-LY**:

happy – happily
They are happily married.
Sono felicemente sposati.

SIMPLE PRESENT

Per l'aggiunta della **-S** finale alla terza persona singolare, si segue la stessa regola dell'aggiunta della **-S** per il plurale dei sostantivi.

- Se il verbo termina per **-SS**, **-SH**, **-CH**, **-X oppure -O**, aggiungi **-ES**:

  to pass (passare) – **he passes**
  to wash (lavare) – **she washes**
  to watch (guardare) – **he watches**
  to mix (mescolare) – **she mixes**
  to go (andare) – **she goes**

- Se il verbo termina per **-Y preceduta da consonante**, si toglie la **-Y** e si aggiunge **-ES** (se la **-Y** è **preceduta da vocale**, aggiungi solo la **-S**):

  to try (provare) – **she tries**
  to buy (comprare) – **he buys**

PRESENT CONTINUOUS

Alcuni verbi quando aggiungono **-ING** cambiano.

- I verbi che terminano con **consonante preceduta da vocale** raddoppiano la consonante:

  to stop (fermare) – **stopping**

- I verbi che terminano con **-IE** le trasformano in **-Y** prima di aggiungere **-ING**:

  to die (morire) – **dying**

- I verbi che finiscono in **-E** la perdono prima di aggiungere **-ING**:

  to come (venire) – **coming**

Fanno eccezione **to be**, che diventa **being** e **to see**, che diventa **seeing**.

SIMPLE PAST

Il *Past Simple* traduce i tempi italiani: imperfetto, passato remoto e, in alcuni casi, passato prossimo. È solitamente con quest'ultimo che molti confondono il *Past Simple*, in quanto traducono letteralmente dall'italiano. Ti faccio un esempio. Se vuoi dire: "Ieri ho chiamato Peter", **non** puoi dire *Yesterday I have called*

Peter (usando il *Present Perfect*), perché è un'azione iniziata e finita nel passato, quindi devi usare il *Past Simple*: *Yesterday I called Peter*!

ECCEZIONI VERBI REGOLARI

- I verbi che terminano per **-E** aggiungono solo **-D**:

  to love (amare) – **loved**

- I verbi monosillabici che terminano con **una vocale e una consonante** raddoppiano la consonante e aggiungono **-ED**:

  to plan (pianificare) – **planned**

- I verbi bisillabici che terminano con **una vocale accentata e una consonante** raddoppiano la consonante e aggiungono **-ED**:

  to prefer (preferire) – **preferred**

- I verbi che finiscono con **una consonante + -Y**, trasformano la **-Y** in **-I** e aggiungono **-ED**:

  to copy (copiare) – **copied**

- I verbi che finiscono con **una vocale + -Y**, aggiungono solo la **-D**:

  to spy (spiare) – **spied**

- I verbi che finiscono per **-L preceduta da vocale**, raddoppiano la **-L** e aggiungono **-ED**:

  to travel (viaggiare) – **travelled**

VERBI REGOLARI

Carrozza ToDoID

T

LOOKED (guardare), **TALKED** (parlare), **WATCHED** (guardare), **WALKED** (camminare), **WORKED** (lavorare), **FINISHED** (finire), **ASKED** (chiedere), **DRESSED** (vestire), **COOKED** (cucinare), **KISSED** (baciare), **HELPED** (aiutare), **MISSED** (sentire la mancanza, perdere), **STOPPED** (fermare), **WASHED** (lavare), **HOPED** (sperare), **PUSHED** (spingere), **PASSED** (passare)

D

CALLED (chiamare), **LOVED** (amare), **LIVED** (vivere), **LISTENED** (ascoltare), **PLAYED** (giocare/suonare), **OPENED** (aprire), **HAPPENED** (accadere, succedere), **CRIED** (piangere/urlare), **ENJOYED** (godere, divertirsi), **CHANGED** (cambiare), **ANSWERED** (rispondere), **ARRIVED** (arrivare), **ALLOWED** (permettere), **CARRIED** (trasportare), **CLEANED** (pulire), **DIED** (morire), **EXPLAINED** (spiegare), **FOLLOWED** (seguire)

ID

DECIDED (decidere), **INVITED** (invitare), **NEEDED** (aver bisogno), **STARTED** (cominciare, avviare), **VISITED** (visitare), **WAITED** (aspettare), **ENDED** (finire), **HATED** (odiare), **ACCEPTED** (accettare), **INCLUDED** (includere), **DEFENDED** (difendere), **LANDED** (atterrare), **EXPECTED** (aspettare, essere attesi), **EXPORTED** (esportare), **ATTENDED** (partecipare a), **PRINTED** (stampare), **PRESENTED** (presentare), **SHOUTED** (gridare), **CONTACTED** (contattare)

VERBI IRREGOLARI

PRESENTE PASSATO PARTICIPIO PASSATO

BASE FORM	SIMPLE PAST	PAST PARTICIPLE	ITALIANO
ARISE	arose	arisen	*sorgere*
AWAKE	awoke	awoken	*svegliare*
BE	was	been	*essere*
BECOME	became	become	*diventare*
BEGIN	began	begun	*cominciare*
BET	bet	bet	*scommettere*
BID	bid	bid	*fare un'offerta*
BLOW	blew	blown	*soffiare*
BREAK	broke	broken	*rompere*
BRING	brought	brought	*portare*
BROADCAST	broadcast	broadcast	*trasmettere*
BUILD	built	built	*costruire*
BURN	burnt	burnt	*bruciare*
BURST	burst	burst	*scoppiare*
BUY	bought	bought	*comprare*
CAN	could	been able	*potere*
CATCH	caught	caught	*prendere*
CHOOSE	chose	chosen	*scegliere*
COME	came	come	*venire*
COST	cost	cost	*costare*
CUT	cut	cut	*tagliare*
DO	did	done	*fare*
DRAW	drew	drawn	*disegnare*
DREAM	dreamt	dreamt	*sognare*
DRINK	drank	drunk	*bere*

BASE FORM	SIMPLE PAST	PAST PARTICIPLE	ITALIANO
DRIVE	drove	driven	*guidare*
EAT	ate	eaten	*mangiare*
FALL	fell	fallen	*cadere*
FEEL	felt	felt	*sentire*
FIGHT	fought	fought	*lottare*
FIND	found	found	*trovare*
FIT	fit	fit	*adattarsi*
FLY	flew	flown	*volare*
FORBID	forbade	forbidden	*proibire*
FORGET	forgot	forgotten	*dimenticare*
FORGIVE	forgave	forgiven	*perdonare*
FREEZE	froze	frozen	*congelare*
GET	got	got	*ottenere*
GIVE	gave	given	*dare*
GO	went	gone	*andare*
GROW	grew	grown	*crescere*
HAVE	had	had	*avere*
HEAR	heard	heard	*sentire*
HIT	hit	hit	*colpire*
HOLD	held	held	*tenere*
HURT	hurt	hurt	*ferire*
KEEP	kept	kept	*tenere*
KNOW	knew	known	*sapere*
LEAD	led	led	*condurre*
LEARN	learnt	learnt	*imparare*

BASE FORM	SIMPLE PAST	PAST PARTICIPLE	ITALIANO
LEAVE	left	left	*partire*
LEND	lent	lent	*prestare*
LET	let	let	*lasciare*
LIE	lay	lain	*sdraiarsi*
LOSE	lost	lost	*perdere*
MAKE	made	made	*fare*
MEAN	meant	meant	*significare*
MEET	met	met	*incontrare*
MUST	had to	had to	*dovere*
PAY	paid	paid	*pagare*
PUT	put	put	*mettere*
QUIT	quit	quit	*smettere*
READ	read	read	*leggere*
RIDE	rode	ridden	*cavalcare*
RING	rang	rung	*squillare*
RUN	ran	run	*correre*
SAY	said	said	*dire*
SEE	saw	seen	*vedere*
SELL	sold	sold	*vendere*
SEND	sent	sent	*inviare*
SET	set	set	*fissare*
SHOOT	shot	shot	*sparare*
SHOW	showed	shown	*mostrare*
SHUT	shut	shut	*chiudere*
SING	sang	sung	*cantare*

BASE FORM	SIMPLE PAST	PAST PARTICIPLE	ITALIANO
SINK	sank	sunk	*affondare*
SIT	sat	sat	*sedersi*
SLEEP	slept	slept	*dormire*
SPEAK	spoke	spoken	*parlare*
SPEND	spent	spent	*spendere*
SPREAD	spread	spread	*diffondere*
STEAL	stole	stolen	*rubare*
SWEAR	swore	sworn	*giurare*
SWEAT	sweat	sweat	*sudare*
SWIM	swam	swum	*nuotare*
TAKE	took	taken	*prendere*
TEACH	taught	taught	*insegnare*
TELL	told	told	*dire*
THINK	thought	thought	*pensare*
THROW	threw	thrown	*lanciare*
UNDERSTAND	understood	understood	*capire*
WAKE	woke	woken	*svegliarsi*
WEAR	wore	worn	*indossare*
WIN	won	won	*vincere*
WRITE	wrote	written	*scrivere*

SOLUZIONI ESERCIZI

TRADUZIONI

TEST

Cabina del capotreno

SOLUZIONI ESERCIZI

CONTROLLO BAGAGLIO

ESERCIZIO 1

1 Yesterday I bought **A** new shirt. **THE** one you gave me is terrible.
2 I have **A** beautiful daughter. She's **THE** most beautiful daughter in the world.
3 Life is wonderful!
4 He loves listening to music and surfing **THE** internet.
5 Her brother is **A** taxi driver. Last month he had **AN** accident and went to hospital.

ESERCIZIO 2

1 My parents are abroad, **THEY** are coming back on Monday. **I** can invite all my friends to the house for a party!
2 Can Dave ride camels ? – Yes, **HE** can, but why are **YOU** asking this question?
3 **IT** is so hot today! My sister and **I** want to go to the swimming pool and **WE** want to go now!
4 **SHE** is my girlfriend. **HE** is her husband. **I** am in trouble.
5 **IT** is very late!

ESERCIZIO 3

1 I am ugly and fat, but I am happy.
2 She is beautiful and thin and she is happy.
3 He is ugly and sad because we are happy.
4 Am I thin?
5 She is beautiful and happy, isn't she?
6 He is not happy, is he?
7 No, I am not.
8 Yes, she is.
9 No, he is not.
10 We are crazy, aren't we?

ESERCIZIO 4

1 They have a farm.
2 He has a cow and two horses, but he doesn't have pigs.

3 She has two goats, five pigs and a brother.
4 He doesn't have pigs, does he?
5 No, he doesn't.
6 Does she have two goats?
7 Yes, she does.
8 You have a hen, don't you?
9 No, I don't, but I have a rabbit.
10 We have many animals.
11 I have breakfast in the morning.
12 She has a walk in the evening.
13 They have a party every week.
14 Have a look at this old photo!
15 Have a listen to this beautiful music!
16 Have a drink with us!
17 Have a piece of cake!
18 Have a nice holiday!

STORY 1

CONCY: Carol is really lucky. She is very pretty, smart and classy, isn't she?
JOHN: Yes, dear, she is.
CONCY: She is rich and she has a very caring boyfriend. He is also very nice, isn't he?
JOHN: Yes, dear, he is.
CONCY: She has long hair, red lips and big, green eyes. They are really beautiful, aren't they?
JOHN: Yes, dear, they are.
CONCY: And her legs... she has amazing legs, hasn't she?
JOHN: Yes, dear, she has.
CONCY: Oh, and her neck... it's not wrinkled, is it?
JOHN: No, it's not. Her neck is amazing.
CONCY: Yes, it is... John, you are attracted to her, aren't you?
JOHN: Concy, who the hell is Carol?!

ESERCIZIO 5

1 Tell me a story.
2 She shows me many photos.
3 Send me a message, please.
4 Write her a letter.

5 Give me my money!
6 I like your new shoes.
7 These are your keys.
8 These keys are yours, those are mine.
9 My dog is good, yours is bad.
10 This old book is his.
11 Our mother has that red car.
12 Her father is that tall man and those are his keys.
13 These examples are stupid but useful.

ESERCIZIO 6

1 There are a lot of bananas in this suitcase.
2 There's not enough sugar in my coffee.
3 I've got news for you... and it's not good news.
4 There are a few biscuits and a little orange juice.
5 Don't you have too many shoes?
6 Do you have enough money for the ticket?
7 No, I've only got (*oppure* I have only) one euro, it's not enough.
8 There's little time and too much traffic.
9 I have little hair.
10 Aren't there too many bananas in this suitcase?!

ESERCIZIO 7

some – some – any – any – some – some – some – any – some – any – some – no – no

ESERCIZIO 8

something – somewhere – somebody – nobody – anyone – anywhere – nowhere – anything – nothing

ESERCIZIO 9

1 My grandma is faster than my sister.
2 My aunt is not as fast as my grandma.
3 Is your sister better than your aunt?
4 My dog is much slower than your tortoise.
5 His legs are very short and his belly is huge.
6 My eldest brother is the worst footballer ever!

7 Their goldfish are far more intelligent than your children.
8 Your children are less intelligent than a hen.
9 ... And you are the rudest person I know!

STORY 2

CONCY: Hi, what are you doing?

JOHN: I'm writing a poem. It's called: *Ode to happiness.*

CONCY: Wow... Read it to me!

JOHN: Ok... *When a woman wants to relax, she goes to a beauty salon. When she looks for a quiet place to read, she goes to the library. When she needs to reflect on something, she goes to the park. When she doesn't know what to do, she goes shopping... But the best place in the world, for a woman, is in her man's arms...*

CONCY: Aaaw, dear, you're very romantic!

JOHN: Wait, it's not finished. *When a man wants to relax, he goes to the pub. When he looks for a quiet place to read, he goes to the pub. When he needs to reflect on something, he goes to the pub. When he doesn't know what to do, he goes to the pub. The best place in the world, for a man, is the pub. The pub is his refuge, his kingdom, his happiness!*

CONCY: Oh, really? Tonight you'll have dinner at the pub, then!

(John, happy, on the phone: "Hey, Dave, I'm coming!".)

ESERCIZIO 10

on – to – at – in – to – from – in – on – onto – on

ESERCIZIO 11

1 She is always late.
2 She never talks on the phone.
3 Do you ever go on holiday?
4 Don't drive so fast!
5 My baby cries very often.
6 Does she ever kiss you?
7 I usually wake up at 7 a.m.
8 He rarely washes his hair.
9 They usually drink tea ten times a day.
10 She always brushes her teeth before and after breakfast.

ESERCIZIO 12

Who is your English teacher? – John Peter Sloan.
How old is he? – He's 35.
What does he look like? – He's young, tall, and handsome.
Where does he live? – Near Milan.
When did he move to Italy? – Twenty years ago.
Why is he everywhere? – I have no idea.

ESERCIZIO 13

1. What a beautiful day!
2. How is your grandfather?
3. What about you?
4. I don't like her, she looks like a donkey and she walks like an elephant.
5. He works in Milan as a fashion designer.
6. As I said before, she's not as pretty as you.
7. Stop it! It's not funny!
8. Life is too short.
9. Finish it by Wednesday, please.
10. So, what's your telephone number?

ESERCIZIO 14

1. Tomorrow's meeting is very important.
2. Your parents' car is so beautiful!
3. My dog's paws are cleaner than your brother's feet.
4. I usually go to the butcher's to buy meat.
5. She likes the sound of rain.

ESERCIZIO 15

"Look! Can you see that pigeon on our son's head?" – "Yes, I can see it, stop screaming." – "Tell it to go away!" – "I can't." – "Why?!" – "Because I don't talk to pigeons!"

In the evening, my girlfriend and I sit on the sofa to watch tv. She always touches my hand and she whispers in my ear. I push her away and I watch the match. She says I'm a monster, then I can hear her cry... and I feel guilty.

AT THE STATION

TICKET TEST

1 B – **2** A – **3** B – **4** C – **5** B – **6** A – **7** B – **8** B – **9** A – **10** C – **11** B – **12** A – **13** A – **14** B – **15** C – **16** A – **17** A – **18** B – **19** C – **20** C – **21** C – **22** A – **23** A – **24** A – **25** B – **26** C – **27** A – **28** B – **29** B – **30** A – **31** B – **32** B – **33** A – **34** B – **35** B

SECOND CLASS

ESERCIZIO 16

My daughter has a horse named Pasquale, who eats, runs and sleeps all the time. Every day, after school, she comes back home, she doesn't do her homework and she rides Pasquale. I tell her to make him walk slowly, but she makes him run fast. They have great fun together! She loves him very much: she feeds him, she strokes him and she hugs him all the time. He is very lucky, but I'm sad, because it's a fact: she loves her horse more than her father!

ESERCIZIO 17

JOHN: Hey sweetheart, what are you doing?
DAUGHTER: I'm counting ants in the kitchen, while I'm brushing my hair.
JOHN: And what is your brother doing?
DAUGHTER: He's eating chocolate biscuits on the white, leather sofa, while he's watching tv.
JOHN: And what is mum doing?
DAUGHTER: She's looking for grandpa.
JOHN: Why is mum looking for grandpa?
DAUGHTER: Because grandpa is hiding everywhere.
JOHN: Why is he doing that?
DAUGHTER: Because he's getting old.
JOHN: Is mum still looking for him?
DAUGHTER: Hold on... Mum's saying that grandpa is hiding in the wardrobe.
JOHN: Why is he hiding there?!
DAUGHTER: Hold on... Because grandma's hiding in the fridge.
JOHN: What?!

DAUGHTER: Don't worry, mum's saying that we are taking them to the doctor next Monday.

JOHN: Next Monday's not possible. Grandpa, grandma and I are going to the park to play hide-and-seek.

STORY 3

JOHN: Concy, listen to me, please, and don't say anything until I finish talking. I want to tell you something: you're right, I don't understand you. And you know why? Because you're a woman and I'm a man. It is not scientifically possible for me to understand you. We are different. I only have one name for each colour, I haven't got forty pairs of shoes because I haven't got extra feet and I have no idea what those cushions on the sofa are for. I don't get excited for useless things like cinnamon candles or wallpaper and I never find anything of value in ornament shops...

CONCY: Hi dear, I'm home! Why are you standing behind the bathroom door, talking to yourself?

JOHN: Concy?! Aren't you inside the bathroom, applying your expensive anti-wrinkle cream to your neck?

CONCY: Don't be silly, everybody knows that cream only works while you sleep! Today is Saturday and this morning I went shopping! Look what I've found in that beautiful gadget shop!

JOHN: What on earth is that thing?

CONCY: A plastic banana case! Isn't it an absolutely brilliant invention? Now I can carry bananas in my bag whenever I want!

ESERCIZIO 18

John, listen to me, I'm going to tell you something very important: I'm going to take my bananas out of this suitcase and I'm going back home! I'm not going to study English anymore! To be going to doesn't make sense and I'm not going to listen to this nonsense anymore. I'm going to learn an easier language: Chinese!

ESERCIZIO 19

FRIEND: Hey, dear, why are you crying?

WIFE: Because we don't talk anymore. You'll find a younger girl and you'll spend the rest of your life with her!

FRIEND: What nonsense! I won't find anybody, because I won't look for anybody! Get ready, I'm taking you to a restaurant tonight!

WIFE: Wow! Really? I'll be ready in ten minutes!

Four hours later, at the restaurant...

WIFE: What a beautiful place! I'll take a salad and an apple juice!

FRIEND: I'll take a double cheeseburger and a beer!

WIFE: Will you pass me the oil, please?

FRIEND: Here you go! Will you pass me the newspaper?

WIFE: I want a divorce!

ESERCIZIO 20

I'll tell you what happened yesterday to a friend of mine, who is a famous writer. He was in Milan and he was driving his beautiful, black car, but he was speeding. A traffic warden, who was directing traffic, stopped him and was about to give him a fine. So, my clever friend, gave him one of his books and a bottle of wine. You know what? The traffic warden accepted the gifts and let him go.

STORY 4

Last Sunday, something terrible happened. Concy made me go with her to Carmela's wedding, her cousin, the ugliest woman in the world (in fact, she really looks like her). Outside the small church, friends and relatives were celebrating the big event. While I was trying to escape, Concy's old grandma came up to me and asked: "Isn't the bride lovely?". "Well... it depends" I told her. "I don't understand your answer" she said. "Oh, I'm sorry... IT DEPENDS!" She stood there, confused. Then, Concy came and said: "Don't you think that wedding dress is beautiful?". "Yes, I do, but I don't get why the groom is wearing it" I told her. "John. Stop making fun of my cousin!" Concy replied, annoyed. Now I was the confused one.

ESERCIZIO 21

A Grandpa, I can't open this bottle, can you help me?

B Of course I can! Look, you have to use your teeth, it's the only way... Here you go!

A Thank you, grandpa. Now can you remove your teeth from the bottle?

A My one year old son can do many things: he can talk, he can walk and he can use the potty!

B Wow, you must be very proud of him!

A What can your son do?

B I don't have children, but my dog can do many things: he can bark, he can run and he can use trees!

ESERCIZIO 22

1 When I'm sad, I can't work.
2 If I weren't sad, I could finish this exercise.
3 If I don't finish this exercise, I won't be able to go out with my friends.
4 If I don't go out with my friends, I won't be able to see Lisa.
5 If she was my girlfriend, I would be very happy.
6 If I...
7 ... If I were you, I would stop it now.

ESERCIZIO 23

1 In the morning I get ready to go to work.
2 Our hamster is getting fatter and fatter.
3 It's getting late. Let's go home, shall we?
4 The exercises are getting more and more difficult.
5 I must get ready for the test!

SECOND CLASS TEST

1 C – 2 A – 3 B – 4 C – 5 B – 6 C – 7 A – 8 A – 9 B – 10 A – 11 B – 12 C – 13 A – 14 A – 15 B

FIRST CLASS

ESERCIZIO 24

Go straight on, until you get to that red building over there. Then turn right at the traffic light. Keep walking for five minutes and you'll get to a blue bridge. Go over the bridge. At the end, you'll meet a street vendor who sells prepositions. Buy many of them, you'll need them. In front of you, you'll see a big apple tree. Behind the tree there's a yellow box, take it. Then turn left and run for about ten minutes. It's good for your health. When you go past a post office on your right, stop. Don't go in there, unless you want to spend the rest of your life there. There's a small shop next to the post office. Inside the shop, there's an old lady. Give her the yellow box, she'll keep her dentures in it. When you go out of the shop, turn right and walk to the end of the road. You'll see a roundabout with a goat in the middle. Then ask her.

STORY 5

JOHN: Look what I found yesterday in the box under the bed, among my old clothes: my favourite T-shirt! Can you help me wash it?

CONCY: No, I can't. Do it yourself!

JOHN: Ok, I'll try... Where's the detergent?

CONCY: It's in the cleaning cupboard.

JOHN: Do we have a cleaning cupboard?

CONCY: Yes, we do. It's in the corridor, next to the bedroom, in front of the kitchen.

JOHN: One thing at a time, please, I'm a man. Let's see... There are many detergents, in here. Which is the right one?

CONCY: The blue one, between the shampoo and the bubble bath.

JOHN: Here it is! Where's the washing machine?

CONCY: It's on the balcony!

JOHN: Where's the balcony?

CONCY: Oh, for goodness sake!

JOHN: C'mon, I was joking! Which wash cycle do I have to use?

CONCY: It depends, you have to check the washing instructions.

CONCY: It's not difficult, John. What does it say on the T-shirt?

JOHN: "Birmingham City".

ESERCIZIO 25

1 The train has just arrived at the station.
2 Have you ever seen animals boarding a train?
3 The train guard has never met the kangaroo.
4 Why has the husband got angry with the train guard?
5 The wife has already got stuck in doors many times.
6 Have the young couple ever studied the perfect tenses?
7 It's the first time (that) the drunk monkey has helped someone.
8 You have left for a new adventure.

ESERCIZIO 26

1 Why has the kangaroo got angry with the cow?
- Because the cow has been trying to put her hoof into his pouch since they left.

2 Where has the kangaroo put his ticket?
- He has accidentally swallowed it.

3 What has the wife been doing since she boarded the train?

- She has been boring the young couple.

4 How long have the young woman and the young man been engaged?
- They haven't been engaged for long.

5 How long have the old couple been married?
- They have been married for too many years.

6 Has the wife put on weight after marriage?
- Yes, she has.

ESERCIZIO 27

1 I spent all the money *I had earned.*
2 They couldn't go to the party because *they had not finished their homework.*
3 She was very angry because *I had not helped her.*
4 When I got back home *she had already had dinner.*
5 *We had just started eating* when the phone rang.
6 When they arrived at the cinema *the film had not started yet.*
7 It was the first time *I had seen her sister.*
8 When he gave me the book, I told him *I had already read it.*
9 *Had he ever told her* that he loved her?
10 She was sad because *her boyfriend had not called her yet.*

ESERCIZIO 28

1 She had been talking for hours.
2 She was very tired because she had been ironing since 8 o'clock.
3 I was sweaty because I had been jogging in the park.
4 I had been attending the course for two months when I met you.
5 How long had you been waiting for her before she finally arrived?
6 It had been raining for weeks.
7 We had been dating for seventeen years before we got married.

STORY 7

It was a hot summer night in the jungle. I was very tired, as I had been jumping from tree to tree all day, looking for fresh leaves to lie down on. My wife was very angry with me, because the day before I had forgotten our anniversary and, instead of taking her out for dinner, I had gone out with my friends to watch *Super Quark Live*. That's why I had to sleep on the ground. As soon as I touched the pillow, I closed my eyes and, after a few minutes, I fell asleep. Suddenly, I heard a noise. I opened my eyes and I saw something big, black and hairy climbing down a tree. Something terrifying, unlike anything

I had ever seen. I had never been so scared in my life. The beast was coming closer and closer and, with a crazy look in its eyes, it said: "You can't go out with your friends anymore, you know that! You are a married man, now! I know you had been enjoying yourself before you got married... But those happy days are gone. Gone forever. Now you must spend every single day with me, every minute of your useless life...".

ESERCIZIO 29

1 Will you have had breakfast, by noon?
2 Do you think you'll have finished working by 8 p.m. o'clock? There is a party at Carol's tonight.
3 Yes, I'll problably have finished by 8 p.m. o'clock, but I'll have been working for 8 hours, so I'll be very tired.
4 Next year I'll have been trying to dump her for ten years.
5 Next week, she will have been attending Zumba classes for one month.
6 Tomorrow, we'll have been trying to call them for one week.

STORY 8

Last Friday, I had to go to Sicily to spend the weekend with Concy, who was already there. I had to be at the airport by 10, but my alarm didn't go off and I overslept. I got dressed, grabbed my suitcase and ran out of the house. When I got to the airport, I realised I had forgotten my passport, so I had to go back home to get it. Then I called another taxi to go back to the airport. I was almost there, when the taxi broke down. I tried to wait for another one, but they were all taken, so I had to run to get there in time. I was all sweaty. When I got to the airport, I found out (that) I had missed my flight. I had to pay 200 euros for another ticket, for the next flight. While I was waiting, I went to the bookshop to buy some books. I was so worried about the flight, that I walked out of the bookshop without paying. The police questioned me for two hours and I missed my flight again. I went back home and I decided to spend the weekend there. After all, I was very happy.

ESERCIZIO 30

1 If the alarm had gone off, I wouldn't have overslept.
2 If I hadn't forgotten my passport, I wouldn't have had to go back home.
3 If the taxi hadn't broken down, I wouldn't have had to run.
4 If I hadn't run, I wouldn't have sweat.
5 If I hadn't missed my flight, I wouldn't have paid 200 euros for another ticket.
6 If I hadn't been so worried, I wouldn't have forgotten to pay.

7 If the police hadn't questioned me for two hours, I wouldn't have missed my flight again.
8 If none of this had happened, I wouldn't have enjoyed the weekend.

ESERCIZIO 31

During the week, the dad **sets** the alarm for 7 a.m. When it goes off, he wakes up and gives his wife a hug and a kiss, but rarely **gets** anything in return. Then, he tries to **get** the kids **up** and ready for school. As soon as he **gets into** their bedroom, the daughter pulls her blankets over her face and **keeps** sleeping, while the son **puts** his head under his pillow and starts being naughty. When it's time to go to school, the children **are** always **put out**. Then, the dad tries to kiss them good morning, but the daughter pushes him away and **keeps** saying that the only man she'll ever kiss in her life is Justin Bieber. She also **keeps** a photo of her idol under her pillow. The son says he's not a girl, so he doesn't want to be kissed by anyone. He also says he's not going to school anymore, as he **can't put up with** his teachers. They **put** him **under** stress, like his family. When the dad tries to tell them that school is very important for their future, he usually **gets** a cushion in the face. Finally, he **gets** that he'll never **get** them **out** of bed unless he bribes them, so he promises to buy them anything they want. At that point, they quickly **get up**, **get dressed** and rush to the kitchen, where the mum **has set** the table for breakfast. She immediately makes it clear that **she'll never let** their dad **keep** his promise but, if they eat some fruit, **she'll let** them have some chocolate.

ESERCIZIO 32

IMMACOLATA: Hey, what's the matter? You look furious!
CONCY: Yesterday **I fell out** with John and I called off our wedding.
IMMACOLATA: Oh, no! Why?!
CONCY: He's having an affair.
IMMACOLATA: What?! How **did you find out**?
CONCY: I was looking for something in the wardrobe, when I saw a blonde hair on his shirt.
IMMACOLATA: No way!
CONCY: I swear to you. I knew **he was up to** something, because he'd been acting very weird, lately.
IMMACOLATA: He always does, actually... Anyway, what did you do?
CONCY: As soon as he got back home, I asked him **to account for** the hair and **he came up** with the most ridiculous story I'd ever heard.
IMMACOLATA: What did he say? Had **he bumped into** a blonde?

CONCY: No, he didn't. Listen to this. He told me that the other day, while he was coming back home, he **came across** a pet shop and decided to adopt a puppy, as a present for me. So he got into the shop and **went for** an adorable blonde puppy. And this is how he explained where the blond hair came from.

IMMACOLATA: Ok... and where is this adorable puppy, now?

CONCY: He said that while he was carrying her, the puppy saw a dark hair on his shirt and she called off the adoption.

ESERCIZIO 33

JOHN: Hi, dear, what are you doing?

CONCY: Let me think... I'm **sorting out** the kitchen cupboard, cooking dinner, **looking after** the baby and waiting for your help.

JOHN: Can I **point out** that I was doing the housework, too?

CONCY: Really? And what were you doing, exactly?

JOHN: I was **sorting out** my clothes. I put the ones you have to wash onto one chair and the ones you have to iron onto another chair.

CONCY: **Watch out**, John, because you're going to be hit on your head with a frying pan.

JOHN: I don't know why, but I've made you angry again. How can I **make up** for this?

CONCY: I must go to the supermarket, as we**'ve run out of** a lot of things. Can you **look after** everything, while I'm away?

JOHN: No problem, dear!

CONCY: Are you sure?

(I couldn't **turn down** her request. I had to show her I could do it. I just had **to turn into** a woman for half an hour).

JOHN: Of course I'm sure, sweetheart. Don't worry.

Then, she left. After ten minutes, I started to panic. After twenty minutes, Concy's mum **turned up**. That was too much to bear and fear **took over** me. I lay down on the floor and played dead.

ESERCIZIO 34

SCIMMIA: Just when I thought it couldn't get any worse, I got this message: "My dear love, how are you? I couldn't be happier. If I hadn't boarded that train, I wouldn't have met you. I thought I could never fall in love again, but when I saw you, I couldn't believe my eyes. You are everything I could wish for. I'm sending you this message because I tried to call you but I couldn't get hold of you. I couldn't wait any longer. I had to let you know how I feel about you. If you loved me too, we could get married and we could buy a little farm in the countryside. We could lie on the grass, drinking milk and eating bananas... I couldn't imagine anything more romantic... With love, your cow".

ESERCIZIO 35

CONCY: Carmela's husband left her after one month of marriage. How could he do that?

JOHN: I don't know, but I admire him. He should have left her after one week.

CONCY: You should stop being so nasty with her. She's not pretty, but she's sweet.

JOHN: And how should this help her?

CONCY: I think we should do something to make her feel better.

JOHN: I think we should do something to make her look better.

ESERCIZIO 36

1. Your mum called two minutes ago. She said she might be late.
2. The forecast said it might snow in the evening.
3. I might have left my pants in the dressing room.
4. The children are not home. They might have gone to the playground with their nanny.
5. It might be the postman with the parcel I was waiting for.
6. I can't find my glasses. They might be in your bag.

IDIOMS "ON THE PLATFORM"

let sleeping dogs lie – dressed to kill – to jump to conclusions – there's more than meets the eye – chewing the fat – benefit of the doubt – my foot – I'll eat my hat – call a spade a spade – cap in hand – an eye for an eye

CHI È JOHN PETER SLOAN?

John Peter Sloan è nato a Birmingham, in Inghilterra, nel 1969. È un artista eclettico a tutto tondo: attore brillante, autore, cantante rock e *stand-up comedian*. All'età di 16 anni ha lasciato la sua patria e ha viaggiato per l'Europa accompagnato dalla sua chitarra e dalla sua voce. Nel 1990 è approdato in Italia e ha fondato un gruppo rock chiamato "The Max".
Ha cantato e suonato con la band fino al 2000, quando è nata sua figlia. Ha deciso quindi di interrompere il suo tour e di dedicarsi all'insegnamento della lingua inglese. Le parole "normalità" e "banalità" non fanno parte del dizionario di John che, dotato di uno spiccato *sense of humour*, ha stravolto i canoni dell'insegnamento della lingua inglese in Italia. Ha iniziato con degli show educativi in inglese nel celeberrimo tempio della comicità italiana Zelig; in seguito ha scritto diversi spettacoli teatrali che lo vedono protagonista. *I'm not a Penguin* è stato in tour nei maggiori teatri italiani.
È l'autore di *Instant English*, il manuale di inglese più venduto in Italia e best seller anche in Francia, Germania e Spagna. A seguire altri libri che sono sempre primi nella classifica delle vendite: *Instant English 2, English al lavoro, Lost in Italy, English in viaggio* e *English da zero*. Ha inoltre scritto degli ausili didattici per le scuole medie e ideato diverse collane di DVD e libretti: *Speak Now!, Speak Now! Evolution, Speak Now! for Work, English da Zero* e *English Express*. In queste pubblicazioni John insegna recitando, coadiuvato da un cast di attori comici inglesi e italiani attraverso sketch comici.
Grammatica e comicità con John vanno a braccetto: il denominatore comune delle sue opere è l'insegnamento con il sorriso. La sua verve non è passata inosservata, infatti appare regolarmente ospite in diversi programmi radiofonici e televisivi nazionali (*Amici, Mattino Cinque, La vita in diretta*) condividendo le sue opinioni spiritose su varie tematiche. I giornali italiani lo definiscono "l'inglese più amato in Italia". Ha ultimamente doppiato uno dei protagonisti del film Disney Pixar *Planes*. Nell'estate del 2014 ha pubblicato il suo primo romanzo fantasy: *I diari degli angeli*. Quando non è impegnato sul palco o al computer, John trascorre il suo tempo nelle sue scuole di Milano e Roma e nel suo nuovo pub-ristorante *Sloan Square "the place to be"*, inaugurato a luglio 2014 in piazzale Cadorna, 2 a Milano.

Arnoldo Mondadori Editore S.p.A.

Questo volume è stato stampato
presso ELCOGRAF S.p.A
Via Mondadori, 15 - Verona

Stampato in Italia - Printed in Italy